ひとりで食べたい

わたしの自由のための小さな冒険

野村麻里

平凡社

ひとりで食べたい　もくじ

iii

iv

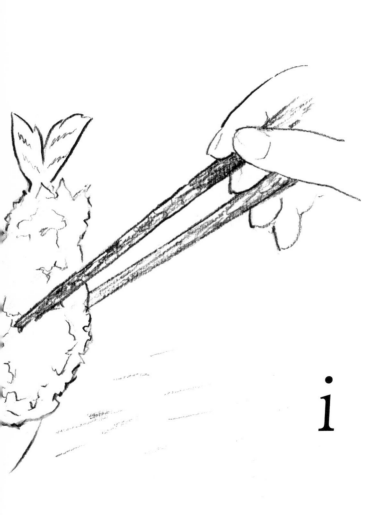

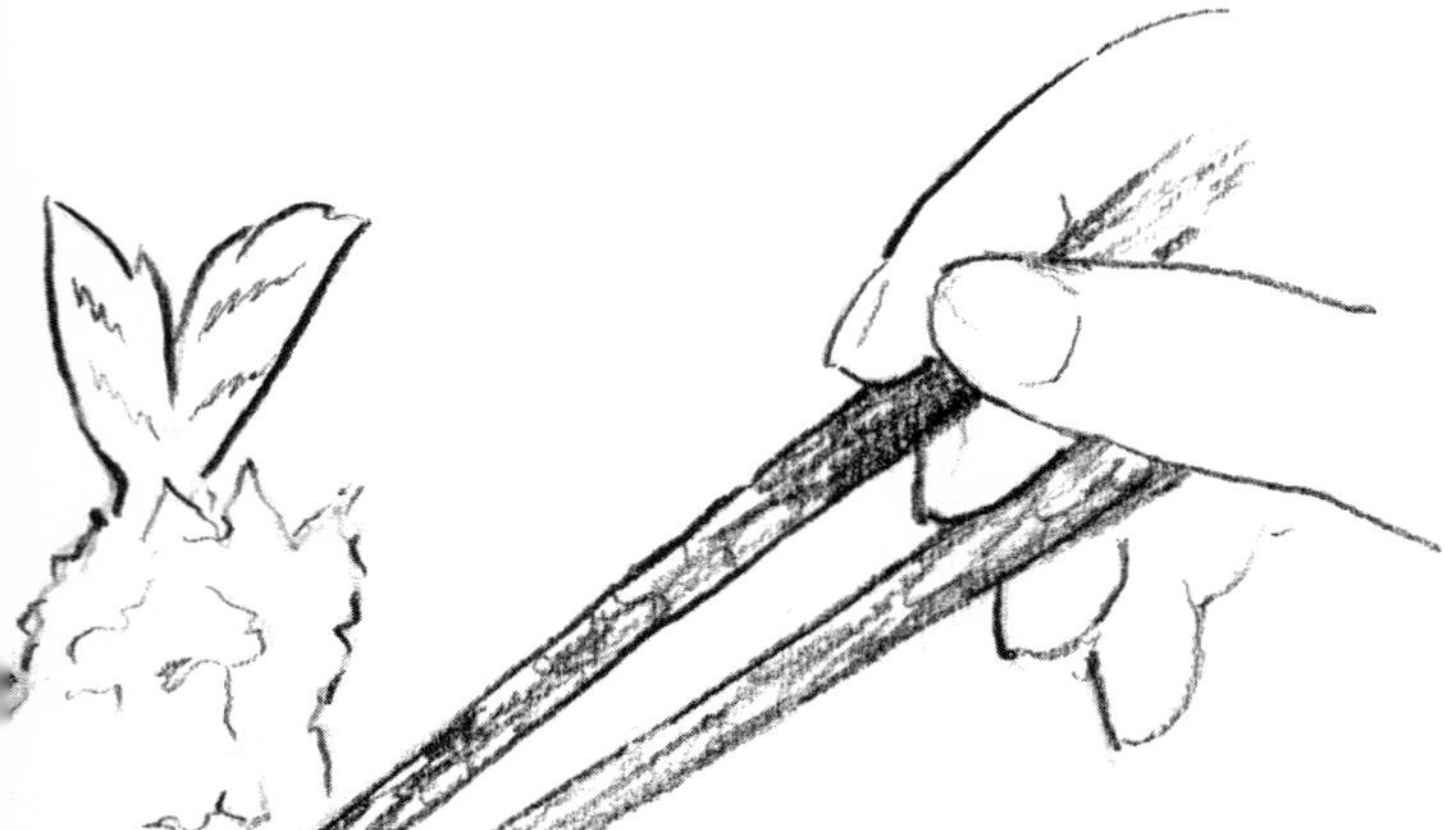

i

ひとりで食べたい

最近、自分はけっこう幸せだよなあ、と思う。

それはまあ、五〇代後半にもなって、仕事もなんとか続いていて（一寸先は闇ではあるが）、身体も、悪いところはちょこちょこあるが深刻な持病はなく（今、痛いところはほとんどない）とりあえず健康だからだ。

しかし今まで、自分が幸せかどうかなんて考えたこともなかった。というより自分の人生において幸せという価値基準はあまり重要ではなかった。

私は若い頃、楽しい、という言葉が好きではなかった。もっと積極的に言うと嫌いだった。楽しいことには何の意味もないように思えた。楽しいことよりも、意味のあることが好きだった。面白いことやゾクゾクするような、刺激のある経験が好きだった。楽しいというのは、何かふわふわしていて実体のない、舐めたらすぐに溶けてなくなってしまう、ベタベタしていてちっぽけな桃色の綿あめみたいなものだと思っていた。

愛という言葉も同様で、夏目漱石が「I love you」を「月がきれいですね」と訳したという逸話（真実かどうかは定かでないようだ）のように、幸せも楽しいも愛も、実感の湧かない外国の言葉のように感じられた。

それが今では、ああ、なんか幸せだ、幸せで良かった、この一瞬をかみしめないともったいない……くらいの心持ちになっているのだから、人間というのは変わる生きものである。

そして、私が幸せという感覚を肯定的に捉えるようになったのは、一年前に友人が、一二年の闘病生活を経て亡くなったことが大きい。

中高時代の同級生の中で大人になってからもつきあいがあった友人は彼女だけ。時々、一緒に展覧会へ行ったり食事したりしていた。彼女が四〇代半ばで乳癌になった時のことはよく覚えている。あの年、五月のゴールデンウィークの後に会った時、別れ際に彼女が「風邪をひいたのか最近、首から脇にかけてのリンパが痛いんだよね」と言ったのだ。

私は特に何も考えず「風邪かねえ。長く続くなら病院へ行った方がいいんじゃない」と軽く返した。

その後、初冬に連絡があり、リンパの痛みは乳癌によるものでステージ2。まず放射線治療をしてから春に手術すると告げられた。

翌年の春、彼女が手術入院した時、お見舞いに行くよと言ったものの、仕事が忙しく、なかなか時間が取れなかった。手術から一週間ほど過ぎてから、柏市の国立がん研究センターへ行った。彼女は元気そうではあったが、出血のせいか顔色が真っ青で、まだまだ休養が必要に見えた。が、翌日に退院だと言う。癌の全摘手術を受けたというのに、もう退院しなければならないのか、とちょっと驚いた。そんなに早く退院なんだ？　と聞くと、病人が多いからね、と彼女は答えた。

手術後も放射線治療や投薬をしながら治療は続けられ、順調そうにみえたのだが二年後に再発し骨に転移。そして二年前、脳膜に転移が見つかり、しばらく経ってから亡くなった。

友人が病気になってからも、私たちは以前と変わらず時々会っていた。しかし、この一二年間、私はいつも怯えながら彼女の話を聞いていたと思う。けれど、そんな素振りは見せなかった。自分の恐れは相手を不快にさせると思ったからだ。

手術の話、副作用のこと、身体の変化、薬の値段、放射線治療の仕組み、そして主治医とのやりとり……。自分の身に起こったらとても耐えられない、と思うような、痛みや苦しみを伴う話（私は痛みに大変弱い）が多いのに、友人は特に悲痛な様子も見せずに話してくれるのだった。そして、その淡々とした、時には笑い話のように語る口調は、私が恐れを彼女に見せまいとするのと同じように、彼女もまた、自身の恐れを私に見せまいという気づかいからかも知れないと最近、思うようになった。

彼女の話の中でも特に、主治医とのやりとりは面白くもあり、また考えさせられるものがあった。友人は主治医に勧められた薬や治療法を、素直に受け入れないことが度々あった。理由は金銭的なことが多かったようだが、彼女は彼女なりの意見があり、長い間、対話を続けてきた患者と医者は、互いに減らず口をたたきながら、次の治療法を決めていくのだった。

もし私が癌、あるいは深刻な病気になった時、友人のように、その薬は嫌です、とか、その治療法は受けたくありません、といったことをはっきり言えるだろうか？

私は気が弱いから、先生の意見はハイハイと何でも素直に聞いてしまうかも知れない。

それに、医師に対抗できるような知識を、私はどうやったら得ることができるのだろう？

今も、病気になった時の自分の態度にはまったく自信がないが、私が彼女から学んだのは「後で絶対に後悔しないように、自分が納得できる選択をする」ということだった。友人が医師の言いなりにならなかったのは、後から後悔したくなかったからだと思う。

友人の治療法や薬に関する知識はだいたいたいネットの海から得ていて、彼女はよく言っていた。

「闘病記のサイトはだいたい、いきなり更新が止まるんだよね。だからあまり参考にならないねえ」。

つきあいの長かった同い年の友人が癌で亡くなったことは、母を癌で亡くした時よりずっと強く、私と死とを結びつけた。今、健康なのは「たまたま」に過ぎない。けれど明日、明後日、来週、来月、来年……はどうなるか分からない。本当にまったく、分からないものなのだ……。そして「今、生きている」、そのことに喜びを感じること、それが幸せだ、ということを私はやっと少し、理解できたのだ。

そして今、ああ幸せ、とよく感じるのがひとりで食事をする時だ。

先日も私は「豚の皮が食べたいなあ……」と思い、冷凍してあった皮を取り出し、これまた家にあったキャベツと一緒に、オーブンでカリカリに焼いて食べたのだが、豚の皮もキャベツもとっても甘くておいしかった。けれどメインディッシュが豚の皮、という夕食を、人と一緒にできるとはとても思えない。あー、ひとりで良かった〜、幸せ〜、と思ったわけだ。

これはいわゆる負け惜しみとか、そういうものではない。マジ、マジなんです。人にあわせず、ひとりで好きなものを作って食べる愉しみ、というものを意識するようになったのも、やはり亡き友が関係している。

彼女は実家暮らしで、一度も就職というものをしたことがなかった。絵を描くのが好きで以前はイラストの仕事もしていたが、近年はバイトで日銭を稼いで暮らしている、いわゆるパラサイト的な、ニート的な人だった。それが癌になってからひとり暮らしを始めた。家族が嫌だ、一緒に暮らしたくない、というのがその理由だった。しかし父親が高齢なこともあって、実家の近所にアパートを借り、以前よりもたくさん働くようになった。

そんな友人の行動が私は奇妙で仕方がなかった。家賃に払うお金があれば、治療費に回した方が良いのでは？　とずっと思っていた。実家から五分の距離で、数日に一度は実家に戻るひとり暮らしに一体、何の意味があるのだろう？　と。

しかし、彼女のひとり暮らしへの渇望に、私も少し関与していたかも知れなかった。以前、海外へ旅行する時に数週間、猫の面倒をみてもらうために、私の家に住んでもらったことがあったのだ。思えばその後、ひとり暮らしをしたいと言うようになった気がする。きっとあれが、彼女の初めてのひとり暮らしの体験だったのだろう。

友人も私と同じく料理が好きな人で、ひとりで暮らし始めてからも毎年、梅干を漬けていたし（梅干だけでなく、梅の季節になると小梅漬、醬油漬けなど何種類も作った）、ジャムを煮たりするのも得意だった。友人がくれた金柑の白ワイン煮がおいしかったので、レシピを教えてもらったこともある。彼女も最初はレシピ通りに作るが、どんどん自己流になってしまう、というタイプだった。

果物が好きで、よく「来年はもう○○を食べられないかも知れないから、ちょっと高いけど買って食べた」とか「来年も○○を食べたいなあ」、「また○○を食べたいから生きていたい」と言っていた。

そんな言葉はなにか、願掛けのようにも聞こえた。また○○が食べたいから、私はきっと来年も生きると思うよ、という風に聞こえた。

食べることは生きること、などと、人は広告のコピーなどで気軽に言ったりするけれど、好きなものを食べることは幸せそのものであり、生きる目的にもなりうるのだと、友人の話を聞きながら私は思うようになった。彼女は亡くなる直前まで、好物だった岩下の新生姜のことをツイートしていた。

私は東京の西側、友人は千葉県に住んでいたので、近年は、互いの家の中間くらいということで地下鉄東西線の西葛西駅で会い、インド料理を食べてから食材店に寄るのが恒例だった。インド・コミュニティのある西葛西には本格的なインド料理店がたくさんある。レストランはその時々でいろんな店へ行ったが、食材店は決まっていた。そこはビルの二階で初めて入った時、唐突に店の主人から「チャイ飲みますか？」と声をかけられた。

二人して「飲みます」と答えると主人は店の奥へ引っ込み、なかなか出てこない。もしかして忘れられている？　ちゃんと通じてない？　不安になった頃にようやく主人が出てきて、甘くて濃いチャイをふるまわれた。

それから毎回、行けば「チャイ飲みますか？」と聞かれる。年に一、二度しか行かないから、特に顔を覚えられていたわけではないだろう。なかなか出て来ないことが分かっていても、いつも「飲みます」と答える。チャイをご馳走になってから、スパイスやらインドのスナックやらをいろいろと買いこむのもいつものことだった。最後の入院直前、いつものようにカレーを食べながら、友人は「自分は癌になって良かったと思っている。もしなっていなかったら、もっと嫌な奴だったと思う。あと、癌になって良かったことはひとり暮らしができたこと」と言った。

食事が終わり、いつもの食材店へ行くと、店はすぐ近くの路面に移転していた。店番は若い男性だったので当然ながら「チャイ飲みますか?」もなかった。あの時は数か月して彼女が亡くなるとは思っていなかったが、今になって思い返すと、あの頃、友人の人生は大きな変わり目を迎えていたのかも知れない、と、何とも言えない気持ちになる。

しかし、なぜ彼女は、あんなにもひとり暮らしをしたかったのだろう。

家族への不満だけでなく、家の構造上、自室にクーラーがつけられないので夏は地獄である、といった物理的な理由もしきりに言っていたけれど、ただ人に気兼ねなく、好きなものを好きに食べて暮らしたかったのかも知れない。

彼女は一見、気ままに生きているように見えたけれど、一方で礼儀とか常識といったものに敏感で、家族や周囲にも随分、気兼ねしているようにも見えた。いやまあ、人は社会に生きている以上、誰もが好き勝手には生きていない。けれど食べるという行為においては、ひとりで食べる分には何をどう食べたっていいだろう。

ひとりでの食事は孤食などといわれ、一般的にイメージが良くない。ひとりで食事をするのが嫌いな人もきっとたくさんいると思う。

でも、好きなものを好きなように食べるということは、実はかなり幸福度が高いのではないだろうか。そんな風に感じるように最近なってきた。

もちろんひとりの食事の弊害というものもある。それは私の場合、いつもひとりで食事していると食べる速度がすごく速くなってしまう、ということだ。胃が丈夫なせいもあり、いつもあっという間に食べ終わってしまう。たまに人と食事をすると、それがちょっと、恥ずかしい。

豚の皮はおいしい

時に孤食などといわれ、忌み嫌われることもある、ひとりの食事を「ひとりで良かった……」と思わせたのが豚の皮。だからやはり、豚の皮から話を始めるのが良いと思う。

私は幼い頃から、たとえば焼鳥を食べる時は、まず鶏皮を頼む子ども（どうしたって痩せた子どもにはならない）だったし、大人になってからは豚足が好きになり、茹でたり煮たりと、自分でも料理するようになったが、豚の皮のおいしさに本格的に目覚めたのは、やっぱり香港時代だと思う。

香港の肉屋には基本、ショーケースなどはなく、大まかに切られた肉片が、フックで引っかけられ、店先にぶら下がっており、豚の足も同様。（豚足に前足と後足の区別があるのを知ったのも香港だ）。皮つき豚肉を使う料理もいろいろある。特筆すべきは、結婚式やあらたまった席に出てくる「乳猪《ゆーじゅー》」だろう。北京ダックと同じように、子豚の丸焼きの、皮だけそいで、ちょっと五香粉の香りのする甘味噌をつけて食べる。子豚の皮はちょっと厚めの、香ばしいポテトチップスのようで、パリパリのサクサク。最高においしい。

煮込み料理もある。「梅菜扣肉《むいちょいかうよっ》」という、白米がすすむお惣菜料理は、梅菜《むいちょい》という漬物と皮つき豚バラ肉を醤油味で甘辛く煮込む。浙江省、杭州名物の「東坡肉《どんぽうよっ》」も皮つき豚バラ肉を使い、一度揚げてから蒸したり煮たりするなどして長時間かけ、ゆっくりと仕上げる。

こうしてじっくり火を通したバラ肉は弾力があり、ねっとりした豚皮とぷるぷると柔らかく甘い脂身、そして身がしまった赤身の三層という、それぞれ違う食感と味を一度に味わうからこそ、おいしいのだ。皮つき肉のおいしさを知ってからは、皮なしだとなんだか味気なく感じるようになってしまった。

しかし、日本へ戻ってみると、皮つき豚肉は近所では手に入らない。ということで再び豚足、そしてなぜか、近所で売られるようになった豚耳をよく使うようになった。耳には軟骨があるが、根元の方はたっぷり肉がついている。近藤紘一の『サイゴンから来た妻と娘』では、豚の耳を茹でてスライスし、サラダにする、とある。耳の軟骨がさくっと歯で千切れるくらいまで、柔らかく茹でてから、冷まして細切りにした豚耳と葉野菜を、ヌクチャム（ヌクマム、唐辛子、砂糖、酢などを合わせたもの）で和えたベトナム風サラダは、夏の定番料理だ。砕いたピーナッツ、香菜、バジルやミントなどのハーブ……入れるハーブの種類が多くなればなるほど、おいしくなる気がする。根元の方は肉の部分が多いので、野菜と一緒に炒めてもおいしい。

豚足も相変わらず煮ている。買う時は一本のものより、半割をさらに三つくらいに切ってあるのが扱いやすい。醤油と砂糖、大蒜《にんにく》、生姜、葱、酒などで煮込む。

冬は時々、フランス風のピエ・ド・コション（豚足）も作る。現地で食べたことがないので、本を読んで作るようになった「なんちゃって料理」である。鍋に水と香味野菜と半割りの豚足を入れ、柔らかくなるまで煮たら、取り出してパン粉をまぶし、表面がこんがりと茶色くなるまでオーブンで焼く。マスタードをつけて、フォークとナイフで食べる。

そして、夕食が豚の皮になるほどの好物になったきっかけは、あれは二〇一二年、初めて訪れた英国、ロンドンであった。

一週間ほどの滞在中はロンドンに詳しい友人にくっついて、あちらこちら見て回っていた。そして最終日、夕方のフライトなので、別行動にして空港で待ち合わせよう、ということになった。私はすでに行ったバラマーケットへもう一度、そしてマーケットから近いテート・モダンへ行くことにした。バラマーケット（Borough Market）は一〇〇〇年以上続く食品市場で観光客なら誰でも行く名所だ。テート・モダンは二〇世紀以後の現代美術を所蔵している美術館である。

最初に向かったのはバラマーケットだった。野菜や肉などをひと通り、ゆっくり見て回っていると、豚肉のサンドイッチを売っている屋台が気になった。ローストした豚バラ肉を大きく切り、小さなバゲットに挟んでいる。おいしそうだがなかなかのボリュームだ。買うか、買うまいか。思案しながらじっとバラ肉を見つめていると、お店の人が声をかけてきた。

「どう？」

「うーん、おいしそう。でも私には多いかな」

「じゃあ、こうしたら？　半分に切って、それぞれ包んであげるから、半分食べて、残りは後で食べる」

なるほど良いアイデアだ。買うことにした。

ローストした豚バラ肉のサンドイッチを食べるのは初めてだった。とりあえず半分、その場で食べる。まず、その味つけに驚いた。

アップルソースがかけてある。

豚肉のローストにアップルソースの組み合わせは料理としては珍しくないが、サンドイッチなので予想外だった。塩味はつけていない。甘酸っぱい林檎そのものの味がする。

そして豚バラ肉のカリカリとした、その皮のおいしさ！

私の「なんちゃってピエ・ド・コション」なんかよりもずっと、ずっとクリスピーで、うわー、豚の皮ってこんなにおいしいのか！　と驚いた。

そしてこのローストポーク・サンドイッチには、後でもう一度、驚かされることになった。

サンドイッチを半分だけ食べてからテート・モダンへ移動し、小中学生に交じり（課外授業かな）、フランシス・ベーコンの油絵などを見て、最後のロンドンを満喫し、空港へ辿り着くと、友人は大きな白い、テイクアウト用のプラスティック容器を持って待っていた。

「今回の旅で、一度もフィッシュアンドチップスを食べなかったから。どうしても食べさせたくて買ってきた」と言う。私たちは空港の外で、生温かいフィッシュアンドチップスを食べた。もちろん、そちらもおいしかった。

そして、二五センチくらいある、巨大なフィッシュアンドチップスを食べたにもかかわらず、飛行機に乗り込んでしばらくすると小腹が空いてきた。そうだ、残りのサンドイッチを食べよう、そう思ってバッグからサンドイッチを取り出し、何気なく口に入れると、その皮の固さたるや！　危うく歯が折れそうになった。

豚の生皮のローストは焼きたてこそカリカリだが、冷めるとあっという間に本来の固さを取り戻してしまうのだ！

しかし、この、はじめカリカリ、あとカチカチの皮つきローストは、再現しないではいられないほど魅力的だった。調べてみると、英国ではローストポークは伝統的な料理の一つで、サンデーロースト（日曜日にローストビーフのようなロースト肉のご馳走を食べる習慣がある）などでよく食べるものという。

焼く前に皮に剃刀で格子状に深く切り込みを入れ、表面にオリーブオイルと、たっぷりの塩をよくすり込んでから、さらにローズマリーやタイムなどのハーブを表面にまぶす。焼く時は、高温で一気に焼く方法もあるし、低温でじっくり火を通してから、最後に高温で皮だけカリカリにするという方法もある。やってみると簡単だ。林檎を煮て潰したアップルソースを添えれば、バラマーケットの味に近くなる。

さらに、皮だけを身から外し、高温でカリカリにしてから適温で焼いた身と合わせる、という方法があることを知ってからは、豚の皮だけを冷凍で常備するようになった。これと、近所で手に入る皮なし豚バラと合わせて使えば、いつでも皮つきローストが作れるのだ。

しかし豚の皮を常備するようになったら、時々、豚の皮だけローストして食べるようになってしまった。焼きたての、カリカリながらモチモチ、ネチネチの豚の皮はとてもおいしい。

一合土鍋

私が子どもの頃、ご飯は炊飯器で炊くものだった。さらに遡れば、釜で炊いていたのだろうが、昭和四〇年生まれの私にその記憶はない。山形生まれの母を持つ母親はよく、味噌おにぎりや焼きおにぎりを作っていて、学校から帰ると台所におにぎりが置いてあったから、きっと保温機能はついていなかったのだろう。生の味噌をそのまま使う味噌おにぎりは、東北だけのものと後から知って、なにか納得できるような気がした。味噌おにぎりはとてもおいしいが、手に持つと味噌でベタベタして食べづらい。海苔で巻いたら良いかも知れないが、決してそうはしない。だって味噌や醤油のおにぎりは、具を用意しないでもいいという、そういう貧しい地域のもので、それは全国区にはなりえない、ローカル的なものなのだろう、ということはなんとなく感じていた。祖母の子ども時代がいかに貧しかったか、という話を時折聞いていたから、そう思ったのだろう。

そうして大人になり、家を出てひとり暮らしをするようになった頃には、実家の炊飯器は保温機能つきのものになっていた。その保温スイッチは滅多に切られることがなかったせいで、蓋を開けるといつも、温め続けた結果、少し黄色く変色した軟らかいご飯が入っていた。私は硬いご飯が好きで軟らかいご飯を憎んでいたので、保温しっぱなしのご飯なんて言語道断、と思い、毛嫌いしていた。

他の炊き方を見たこともなかったし、ずっと米は炊飯器で炊くものと思っていたから、私も長い間、炊飯器を使っていた。今はひとり暮らし向けに一合炊きの炊飯器も販売されているが、以前はそういう小型のものはなかったと思う。香港に住んでいた時も当初は、帰国する友人からもらった、五合炊きくらいで保温機能のないものを使っていた。

しかし、だんだん、ひとり分の米を大きな炊飯器で炊くのが嫌になり、煲仔《ぼうじゃい》という、小さな素焼きの土鍋を使うようになった。煲仔は大きさがいろいろあり、小さいものだと一、二合の白米を炊くのにちょうど良かった。吹きこぼれるまでは中火で炊き、吹きこぼれたら弱火、焦げ臭い匂いがしてきたら火を止め、しばらく蒸らして出来上がり。時間なども計らず、勘だけで炊いていたが、失敗することもなかった。「なんだ、お米って鍋でも、少量でも簡単に炊けるんだな」と思うと、今度は炊飯器という「機械」がなんだか仰々しく思えてきた。

その後、日本に戻ってからは、実家で母が遺した炊飯器を使っていたが、ほどなくして捨ててしまった。大きな炊飯器は、四人いた「我が家」を連想させ、そしてそれは、そのうちの二人がもうこの世にいないことも同時に思い出させるのが嫌だった。かといって、ひとり用の小型炊飯器を買うのも、どうも炊飯器イコール家族、という思い込みがあるのか、なんとなくはばかられた。そしてもうひとつ。ずっと「ご飯はたくさん炊いた方がおいしい」と聞かされてきたため、一合炊きではあまりおいしく炊けないのでは、という危惧もあった。実際、最高においしいと銘打つ一〇万円以上する炊飯器に、一合炊きはないのだ。

一方、世間では、米を炊く道具はいつの間にか炊飯器一択ではなくなっていた。一時は土鍋がブームになっていたし、ル・クルーゼやストウブなど鋳物の鍋も随分と流行った。

私が結局、捨てた炊飯器の代わりに買ったのは、一合炊きの炊飯用土鍋であった。この時も、友だちが遊びに来た時、二合炊きの方が便利ではないか、大は小を兼ねるかも知れない……などと、二合炊きか一合炊きか、少し迷った。

結果的には一合炊きを買って正解だったと思う。まず、形が丸くて可愛い。サッカーボールよりもひと回り小さいくらいのサイズで、底がとても分厚い。その分、内側は狭く、本当に一合しか炊けない。中火で一二分、火を止めてから二〇分おけば炊き上がる。炊飯器を使うより早いのではないだろうか。

炊いている間は火加減を変える必要がないので、タイマーをかけておけば、途中の様子を見る必要がないのはとても楽だ。おこげを作りたい時は最後、強火にして、焦げた匂いが強くなったら火を止めればいい。

一合土鍋に気を良くして、試しに小さなストウブでも米を炊いてみた。土鍋よりも柔らかく炊けた。若い頃から「ご飯は硬い方が好きだったのに、年をとったら柔らかいご飯が好きになった」という話は読んだり、聞いたりしていた。「私もいつか、柔らかいご飯が好きになるのかなあ……」とぼんやり思っていたが、私もついに、柔らかいご飯が嫌ではなくなってきた。なぜなのかはよく分からない。水分多めな感じがみずみずしくて、好ましい。咀嚼力が弱っているとか、唾液が減っているとか、そういう理由だろうか。

そして、米を炊く道具が増えただけでなく、気がつけば、米の銘柄の増えたこと、増えたこと。かつて、米の銘柄といえば、コシヒカリとササニシキくらいしか記憶にない。うちではずっと、コシヒカリだったと思う。「ご飯がおいしければ、おかずが粗末でもおいしく食べられる。だからお米が一番大事」というのが母の考え（これも多分、山形出身の祖母の考えだった）だったので、ご飯はいつも甘くて、つやつやとしていて、いい味だった。家を出てからは貧乏だったので、長らく標準米という値段の安い米を買っていた。標準米はなんというか、うまくもまずくもない米、という感じだったがお金がないのでほかの選択肢はなかった。

香港の米はインディカ米（長粒米）という細長く、あっさりした米が主流だが、「インディカ米なら〇〇産じゃなきゃ」というような、産地や品種にこだわるほどの味の違いはついに分からなかった。私はインディカ米が好きなので、どれもおいしいと思ってしまう。

日本の米のようなお米は当時、オーストラリア産がどこでも買え、パッケージに羊の絵が描いてあるので、日本人の間では「羊米《ひつじまい》」と言えば通じた。羊米も標準米同様、うまくもまずくもない米だったが、ここでは銘柄的に選択肢がなかった。

ある時、ベトナム産のコシヒカリというのを売っていたので喜んで買ってみたことがある。艶やかな炊きあがりはコシヒカリそのものという感じで期待したが、食べてみると甘さが足りない。やっぱり甘い米に育てるには、ある程度の寒さが必要なのだなあ、と思ったものだった。

今、日本のスーパーへ行っても、もはや標準米は見当たらず、あきたこまち、ひとめぼれ、ななつぼし……有名無名を含めて、いろんな米が手に入る。二〇〇四年の食糧法改正により米の流通がほぼ自由化されたことによるそうだ。

私は近年、体重の増加を恐れ、米をあまり食べない生活をしている。「お米が一番大事」の時代からは、随分、遠くに来てしまったなと思わずにはいられないが、これ以上、体重を増やすわけにはいかない。それでも、これはご飯を炊かないわけにはいかない、という料理はいくつかある。たとえば、春の筍ご飯、夏の鮎ご飯。

筍ご飯は子どもの頃から食べているので年に一度は必ず作る。味は特に好きというわけではないので、ほとんど儀式に近い。春が来た喜びを祝う儀式である。

鮎ご飯はここ数年、作るようになった。鮎や虹鱒といった川魚は食べると「夏だ！」という気分になるので好きだ。定番は塩焼きだけど淡泊すぎるので、バター焼きの方が好みである。フライパンにたっぷりのバターを熱したところに魚を入れると、ジュッという音がして良い感じ。鮎はバター焼きもいいが、炊き込みご飯もおいしい。

研いだ米の上に軽く塩をした鮎を載せ（鍋にそのまま入らない時は半分に切る）炊き込みご飯の要領で、薄い醤油味に炊く。日本酒をたくさん、生姜をちょっと入れたりもする。粗熱がとれたら鮎をほぐし、ご飯に混ぜ込む。鮎の苦みと身の淡泊さが醤油味のご飯と相まって、大変おいしい。もみ海苔を載せるともっといいと思うが面倒で、たいていそのまま食べてしまう。

大きな炊飯器で一合ばかりの米を炊こうとすると、中の大きな空間がなんだかとても虚しいような、淋しいような感じがして嫌だなあと、ずっと感じていた。しかし一合土鍋には、そんな隙間はまったくなく、鮎ご飯などを作ろうものなら、もう、溢れんばかりになってしまう。それを見るとなんだかほっとして、やっぱり買って良かったなと思うのだ。

計らない人生

先日、ある編集者の友人と久しぶりに会った。料理の話になり、私は自分がいかに料理好きかをこう説明した。

「忙しくて時間が取れないのに、どうしても料理したいものがあると、身体が勝手に動きだすんだよね。朝、起きたら、そのまま料理を始めちゃう。自分でも驚くけど」

「そんなに料理が好きなら、自分の料理本を作りたいって思うんじゃない？」

「思わない」

「なぜ……」

「分量を計らないから」

「あ、なるほどね」

そうなのです。料理の本には分量がきちんと明記されている。

一〇〇グラム、一キロ、大さじ、小さじ、カップに四分の一とか半分とか。

非常に面倒臭い。私はやらない。

では料理本を読まないかというと、もちろんそんなことはない。読むのは大好き。書店において、私の財布の紐が一番緩むのが料理についての書籍だ。山のように持っている。けれど、本を読み、分量をきっちり計って料理を作ることは滅多にない。料理本は材料や工程を参考にするだけ。例外なのは、食べたことのない料理を初めてつくる時、そしてお菓子やパンの時である。

もしかしたら、料理にあまり興味のない人は、料理づくりとお菓子・パンづくりは同じものだと思っているかも知れない。しかし実際は、まったく別物、といってもいいくらい違う。お菓子とパンは、分量を正確に計らないとうまくつくることができない。

一方、料理というのはまったくお気楽なもので、大抵のものは、材料も調味料も、適当に目分量でつくれてしまう。

料理好きは料理道具好きであることも多いと思うが、私もご多分にもれず、あまり計らないわりに、計量道具はあれこれいろいろ持っている。本当は、計量カップ一個、ナイフ一本、まな板一枚、ボウルひとつですべてができるような、ミニマルなシンプル・クッキングライフに憧れるが、実際はボウルだけで一〇個近く持っている。

計量道具の中でも、タニタの家庭用デジタルクッキングスケールはもう一五年以上使っている必需品だ。ほかにも、香港の上海街（東京の合羽橋のように、料理道具屋が集まっている通り。以前、この通りの近くに住んでいた）で買ったステンレスの計量カップ一式（一カップから四分の一カップまで）と計量スプーン一式。友人がベトナム土産にくれたアルミの計量カップはちょっと丸い形をしていて、大変可愛い。百円ショップで買ったステンレスの一合カップ（米を計る時に使う）も、パイレックスのガラスの計量カップ（二五〇ミリリットル）もある。

「クラフトフェアまつもと」で出会った、コーヒー豆用の木の匙は、使えば使うほどコーヒーの香りと色が匙に移ります、というふれこみだった。最初は無垢のベージュ色だったのが、すっかり濃い茶色に染まり、今ではコーヒー豆以外はすくえない。

これだけあれば、何だって作れるはず。

現在はスケール愛好者だが、昔はよく、計量カップで材料を計り、ケーキを焼いていた。日本の菓子やパンの本はグラム表記が主で、カップ表記はあっても少ない。もしカップ表記だったら、それは米国のお菓子やパンの本の邦訳かも知れない。米国では料理、菓子やパンの本はカップ表記が多い。私は昔からスポンジケーキやシフォンケーキといった、軽い焼き菓子には興味がなかった。二〇代の頃、よく焼いていたのはキャロットケーキのような、食事代わりになる、ずっしり重いケーキだったので、当時は米国などのレシピを参考にし、カップで計っていた。そのままだと甘すぎるので、砂糖の量だけ三分の二くらいに減らせばちょうど良かった。

近年は時々、英国へ行くようになり、英国の料理やお菓子にも興味を持つようになった。現在の英国の料理本はグラム表記が多いようだ。グラムとカップ、どちらが使いやすいかというと、これは普段の習慣によると思う。慣れている方が楽だと思うようになるものだ。

しかし、お菓子とパンは科学の世界、と言われるように、材料のさまざまな化学反応を駆使してつくるので、繊細なものほど分量の正確さが求められる。それゆえお菓子の本には時々、ものすごく厳密な表記があり、ちょっと笑えるくらいだったりする（先日、お菓子の本で、普通なら卵三個、と書くところを、卵黄を先に計り、そこへ白身を追加して、全体で○○グラムにすべし、という記述を見かけた。こういうのは専門家のやり方なのだろう）。

私の大好きなNetflixの料理番組、『ザ・シェフ・ショー』の中で「ミルクバー（ニューヨークに本店のあるスイーツショップ。シリアル味のアイスクリームが名物。とてもおいしい）」のオーナー、クリスティーナ・トシがアメリカのクックブックにカップ表記が多いことについて「出版社は嫌がるかも知れないけれど、私たちはグラム表記を使う。それが私たちのやり方だから」と言っていた。米国でも正確さを重んじるプロはやはりグラムで計量するんだなあ、と納得した。

そして、例外的に私が必ず分量を計る料理がある。

料理とはいえないか。調味料である。マヨネーズだ。

手づくりマヨネーズは、それがあるだけで食事が一ランク上がる、というくらい、おいしい。茹で卵につけたり、野菜につけたり。普通のマヨネーズと同じように使える。

つくり方はとても簡単なのだ。卵黄一個にマスタードを小さじ一、塩を小さじ二分の一、胡椒を少々加え、一カップの油（クセのない油なら何でもいい）を少しずつ注ぎながら、かき混ぜて乳化させるだけ。好みで酢（レモン汁）を入れてもいい。

こんなに簡単なのに、手づくりマヨネーズが普及する気配すらないのは、つくり方は簡単でも、とても失敗しやすいからだろう。油が乳化せず、固まらない。もしくは最初は乳化しても途中で分離してしまい、固まらなくなる。何度も失敗するので、「マヨネーズが固まらないのは心の乱れ」と、本気で精神論にすり替えてしまうくらい、うまくいかない時期があった。スランプは一年以上続いた。

マヨネーズが固まっていく時は、泡立て器の手ごたえですぐに分かるものである。十数回、手を動かしただけで、重くなる。やったー、ありがとうございます、神様！私の日頃の行いが良かったせいでしょうか〜、などと浮かれながら油を足し、かき回していると、ふっと腕が軽くなる。嫌な予感がして、慌てて泡立てる速度を上げる。しかし一度分離したら、もう二度と固まってはくれない。

輝かしい黄金色のマヨネーズとして錬成されるはずだった卵黄と油は、出来損ないの、ただの油っぽくて黄色い液体としてこの世に生まれいでてしまった……。

私はケチなので、この失敗作を捨てることができず、酢や砂糖を加えたりして、ドレッシングとしてなんとか消費するのが常だが、なぜか（やっぱり、というべきか）全然おいしくない。

実際、マヨネーズは失敗しやすいもののようで、猪本典子『修道院のレシピ』には、水を加えたり、卵黄やマスタードを加えたり、トマト・ピュレを加えて赤いマヨネーズ・ソースにしてしまうなど、失敗したマヨネーズの救済策がいくつか載っている。

手づくりマヨネーズがこんなにおいしいことを知ったのはフランス。やはりフランス、であった。

私がいつか行きたいとずっと思っていたフランスの町は南東部の、美食のまちとして名高いリヨンだった。リヨンはかつて絹織物で発展した町で、周辺でとれるおいしい食材にも恵まれているのだという。「ブション（bouchon）」と呼ばれる郷土料理の食堂があちこちにあり、家庭的な料理がおいしいことでも知られる。また、偉大なるシェフ、ポール・ボキューズの出身地で、彼の功績を讃えて中央市場はポール・ボキューズ市場（Les Halles de Lyon Paul Bocuse）と呼ばれている。

実際にリヨンを訪れてみると、ポール・ボキューズ市場は観光客向けに整備された、ゴージャスかつ洗練されたマーケットとなっており、軽い食事もできた。そこで牡蠣を頼んだら、フライドポテトとマヨネーズが添えられて出てきたのだ。マヨネーズなのに酸味はまるで感じない。まるで軟らかいバターのような……なんというおいしさ！　市販のマヨネーズとまったく違うよ！

私の記憶の中のリヨンはマヨネーズのまちだ。パテ、ステーキ、そして名物のタブリエ・ド・サプール（牛の胃のフライ）……。どんな料理にもマヨネーズが添えられ、そしてどこでも手づくりだったように思う。

調べてみるとマヨネーズは案外、簡単に出来るらしい。試してみるとビギナーズラックで最初の二、三回はうまくいったが、つくり続けるうちにだんだんと失敗も増えていった。

手づくりマヨネーズを成功させるためのいくつかの秘訣として、新鮮な卵を使うこと、事前に卵を室温に戻しておくことなどがあり、これらはずっと守ってきた。レモン汁や酢を入れた方が固まりやすいようだが、目指すのは「バターのようなマヨネーズ」なので、酸味は加えない。

あまりにも失敗が続くので、料理に詳しい友人に愚痴ると、始めにマスタードを入れないと固まりやすいよ、というアドバイスをもらった。

それまで私は、マヨネーズは卵黄に油を加えて「乳化」させるものなので、重要なのは「卵と油」だけだと思っていた。だから時々、最初にマスタードや塩胡椒を入れずに、卵黄と油だけをかき回していた。これが敗因のひとつだったかと、改めて初心に戻り、材料をきっちり計ってつくるようにしたら、かなり成功率が上がった。

私はいつも、卵黄一個につき、油を一カップ入れる。だから乳化に失敗すると、一カップの（後から酢なども入れるので、厳密には一カップ以上の）出来損ないの卵ドレッシングが出来てしまう。それが嫌で私はきっちり半カップずつ、油を計ってマヨネーズをつくるようになった。半カップ入れて、うまくいったらもう半カップ。これなら失敗しても半カップの卵ドレッシングを消費すればいい。傷は浅くて済む。

そして実は、私は「液体を目分量で計ると、かなりの確率で正確に計れる」という謎の特技を持っている。三〇〇ミリリットルの水、酢を五〇ミリリットル、といったものを適当に入れて計ると、ほぼぴったり、ということがよくあるのだ。重さに関しては、これほど正確にはいかないが、液体はかなり正確。もしかしたら、これも「計らない人生」にひと役買っているかも知れない。

一方、毎日、必ず計っているのが「体重」である。朝、顔を洗ってから体重計に乗り、増えていれば、その日の食事に気をつけるし、減っていれば大喜び、というのを飽きもせず、何十年も繰り返している。「毎日体重計に乗るなんて、恐ろしすぎてムリ」と言う人もいるけれど、乗るだけで体重維持に繋がるから、こんなに楽なことはないと思う。ということで、体重に関してだけは毎日、「計る人生」を送っている。

猫のごはん

今まで、腑に落ちないなと思った言葉はいろいろあるが、「ひとり暮らしの女性が猫を飼うと結婚できない」という言葉は、ずいぶん私を苛々させてきた。猫と結婚を天秤にかける？　いったいどういう了見なのだろう。猫を飼う↓寂しさがまぎれる↓必死でパートナーを探す熱意が失せる↓結婚できない、ということらしいが、猫を飼って結婚できないのなら、別にしなくて良いのでは？

とはいえ確かに、そんなことを言われてしまうくらい、猫が家にいる充足感というのは、なかなかのものなのだ。私はオス猫とメス猫をそれぞれ一匹ずつ飼っていて、オス猫の方は夜、テレビなどを見ている私の横をかた時も離れない（昼間はベッドかソファで寝ている）。寄り添ってくれるを通り越して、いつもべったり、という感じ。

実は私は二〇代の頃にも猫を飼っていた。しかし当時の恋人と別れる時、猫たち（親子二匹）を置いてきてしまった。彼はその後も猫が死ぬまで面倒をみてくれたが、猫たちは年を取るにつれて腎臓が悪くなり、時々、電話がかかってきては、病院に連れていったという報告をもらった。

私はその話を聞きながら、やっていた餌が悪かったかなあと心苦しくなるのだった。私も恋人も貧乏で猫にやるのはいつも一番安いキャットフードだったからだ。後に、猫は腎臓病が多いこと、安価なキャットフードは腎臓に負担をかけることもあることを知ったのだが、後悔先に立たず、である。

ということで、次に猫を飼うことになった時（最初はオス猫が家に来た。近所の保護猫で、生後八か月くらいということだった）、私は自戒を込めて「猫には良い食事をさせよう」と心に決めたのだった。

では、猫にとって良い食事とは一体、どんなものなのだろうか？　私は猫の食事について、本やネットの記事を手当たり次第に読んだ。ドライのキャットフードは総合栄養食で、猫が健康でいるためのさまざまなビタミンやミネラルが配合されている。

扱いも楽だ。しかし、ドライフードはもともと、犬のために開発されたものらしい。犬は雑食だが、猫は肉食である。犬用と猫用とでは成分はもちろん違うが、猫用にも猫はあまり必要としない穀物がかなり含まれている。

猫の食事に気をつけている人々の意見として、安価なドライフードは安い穀物が多い。缶詰も塩分過多の場合がある。市販の餌は使わず、手づくりするのがいいという意見もあった。手づくり派も、火を通す派と生のまま派に分かれるようだった。

生派、特に肉などの蛋白質は生で与えるのが良い、という人たちは、自力で餌を獲る猫たちは、ねずみなどを獲ったら内臓も含めてそのままバリバリと食べてしまう。だから生食が猫の体にとって一番負担をかけない食べ物なのだ、と主張する。

生のまま丸ごと全部食べるのが、猫にとって自然に最も近い食事である、というのはなるほど、そうかも知れないと思った。とはいえ、猛禽類や爬虫類の餌のように、生のネズミをやるわけにもいかない。ということで私はオス猫が来た当初、よくイワシの頭やマグロのあらをそのままやっていた（まだメス猫はいなかった）。若いオス猫はパクパクとよく食べた。

イワシを買ったら、身は人間が食べ、頭は猫が食べる。猫用の小さな皿にイワシの頭をいくつも盛ると、今道子の、イワシで造った帽子を被った種村季弘の写真などをふと、思い出した。

小さなオス猫が何でもパクパク食べるのに気を良くし、私はキャットフードを手づくりすることにした。栄養バランスも気になるので、肉の割合が多いドライフードもやるが、週に一度、つくり置きし、冷凍しておいた食事を毎日やるようになった。

肉や魚を細かく刻み、少しだけ野菜を混ぜる。生魚にはビタミンB1を破壊するチアミターゼが含まれているので、加熱して与えた方が良い、というのを知り、魚は火を通すようにした。「ねずみ丸ごと」に近い食事を目指し、ネズミのレバーの代わりに鶏のレバーを刻んで混ぜた。

野菜を少し混ぜるのは、猫のための手づくり餌の本に書いてあっただけでなく、「ねずみのお腹には未消化の草なんかが入っているんだろう」と想像してのことだ。子どもの頃に読んだ、『野生のエルザ』（ジョイ・アダムソン）のような、野生動物たちの話がだんだんオーバーラップしてきた。鶏肉よりももっとワイルドなものをやりたくて、通販でラム肉や馬肉を取り寄せるようになった。その頃、近所で生まれた野良のメス猫がうちの猫となり、子猫はラムも馬肉もパクパク食べた。

そのせいか、今もオス猫は魚、メス猫は肉が好きだ。台所で魚を切っているとオス猫が、肉を冷蔵庫から取り出すとメス猫がやってきて、そわそわしている。好物がもらえると思い、期待しながらうろうろと歩き回っている猫たちの姿は大変、可愛いものだ。猫は踊らないが、その姿はまさに小躍り、という感じ。

しかし現在、猫たちはそんなに良い食事はしていない。ストルバイト結石が出てしまい、それ以後は予防も兼ねて療養食（ドライフード）を主に食べている。かといって彼らは文句も言わない（食べ残さない）。腎臓が悪くなるのもストルバイトも、水分不足（猫はもともとエジプトの砂漠に棲んでいたので、水を飲むのが下手なのだそうだ）が原因だというので、手づくりの食事も水分をなるべく摂れるようにという配慮だったのだが。

それこそ、嫌いな猫はおそらくこの地球上にはいないのではないか、もしかして何かイケナイもの（猫的に）が入っているのでは？　と思われる、猫大好きチュールでさえ、私は水で薄めたものをやっている。ちょっと貧乏くさいなあと思うこともあるが、なるべく水分を摂ってほしいという願いからである。水でかさ増しした一本のチュールを二匹がそれぞれの皿で舐める、という生活なので、この前、試しに一匹一本ずつ、そのままやってみたら、最初は大喜びで舐めていたが半分くらいで止めてしまった。どうやら、いつもの量で満足してしまったらしい。

猫たちはまだ、特に大きな病気もせず、とりあえず日々、機嫌良く過ごしている。

オス猫は私にベタベタだが、メス猫の方は性格なのか、それともノラの子の魂百までも、ということなのか、とても臆病でほとんど触らせてもくれない。頭を撫でるのがやっとで、爪も切れないし、夜、私がいる部屋にはこない。二匹は夜は居間で寝るのが習慣になっているが、メス猫は、私が居間にいると入ってこず、そろそろ寝ようかな、という時間になると、「早く行ってよ」という感じで、ささっと入ってくる。その様子はまるで、親と顔を合わせたくない一〇代の若者のようである。

では、そんな対応をされて可愛くないかというと、ものすごく可愛い。トイレを掃除して欲しい時と、餌が欲しい時しか私を呼ばないが、ものすごく可愛い。犬を飼っている友人が「私だったら、あまり可愛いと思わないかも……」と言っていたが、私と猫たちとの関係はギブアンドテイクではなく、お互いが一方的（オス猫の場合もそういうところがある。私は彼ほど、いつも一緒にいたいとは思っていない。メス猫はオス猫が好きでしょっちゅうまとわりついているが、オス猫はそっけない。ということで私たちは一種の三角関係と言えなくもない）に愛情を注ぎ、平和を維持している。

確かに、私がひとりでいて特に寂しいと思わない理由のひとつは、猫がいるからだと思う。そしてもし、猫や、或いはほかの動物と一緒に暮らすことで、漠然とした寂しさや不安がなくなる、または軽減されるのであれば、誰もが望んだ時に、動物と一緒に暮らせる環境であってほしいと思う（賃貸は動物不可の物件もまだまだ多い）。

しかし、相手は動物、生き物だから、毎日世話をする必要があるし、病気になれば治療費もかかる。猫でも犬でも一度飼ったら、一〇年以上は共に暮らすことになる。それを考えると、高齢になるとなかなか動物が飼えなくなるという問題もある（私も今の二匹が死んでしまった後、次に飼うのは躊躇するだろう）。飼い主のいなくなった猫を引き取って新しい飼い主を探してくれる団体もあるようだが、高齢者が増えていく世の中でもあり、ペットの意義はもっと考えられていいと思う。

台所で肉や魚を調理しようとしていると、いそいそと猫たちがやってくる。そうしたら、ほんの少しだけ、おすそ分けをする。買い物へ行って、おいしそうなアジやラム肉を見かけると、猫の喜ぶ姿が脳裏に浮かび、自分が食べたいものよりも猫優先で献立を決めることもある。こんな時は、一緒に食べるわけではないのだが、ひとりで食べているのとも、ちょっと違うのかも知れない。

ii

新型コロナ時代の献立表

新型コロナウイルス感染症が発生して、大きく変わったことのひとつが「家での時間が増えたこと」だった。連載時（二〇二二年春）はまだ、新規感染者が増えたり減ったりを繰り返しており、増えれば外出を減らす、減れば増やす、という行動を続けていた。外へ出る機会が減ると、やはり気になるのは体重の増加であった。

コロナの前、私は近所へ自転車で、散歩も兼ねて買い物に行くのが日課だった。夏などは、昼間は暑いので夜になってから、自転車でふらふらと走り回る。運動とは言えないようなものと思っていたけれど、非常事態宣言下、週に一度くらいしか、外へ出ないようになったら、たちまち体重が増えた。周りでは、毎朝ウォーキングやランニングを始めた人が多かった。この、初めての状況下で、健康を保つには一体どうしたら良いのだろう？　と日本栄養士会が認定する管理栄養士の団体「認定栄養ケア・ステーションＬＩＮＫ」の花本美奈子さんに、オンラインで話を聞いたのだった。

「たとえば、通勤が片道一時間だったら、週五日、毎日二時間は緩やかな歩行をしていたわけで、これはかなりの活動量です。一日中、家にいたら二〇〇〜五〇〇歩くらいしか歩かないですからね」と、花本さんはまず、とてもベーシックなところから切り出した。私にとっては毎日の買い物が、通勤にあたるくらいの運動量だったのかなと思う。

しかし、多くの人が運動不足に陥ったからといって、みなが太ったり、不健康になったりしているわけではないのだという。コロナ以前は連日、飲み会や外食で過食気味だった人の中には、外食もせず（できず）、以前よりバランス良く食べるようになり、食事の量も減ったことで、痩せて健康的になった、という人もいる。一方で、会社では誰かと一緒に食べていた昼食を、ひとりで食べるようになったことが、マイナスに影響した人もいるのだという。「家でひとりだと昼食を作るのが面倒だし、ずっと座っていてお腹も減らないから、牛乳とお菓子だけで済ませている。通勤時間がない分、起床時間が遅くなり、三食から二食になった、といった話もよく聞きますよ」。

通勤時間がなくなったのは、全会社員にとって朗報！　だって、片道一時間としたら毎日、二時間が浮く。単純に考えれば毎日、睡眠時間が二時間増え、睡眠不足は完全に解消されて健康になれるはず！　と私は勝手に思いこんでいたが、そんな単純なものではなかったとは……。

では、そのような生活で、人間は健康を維持することができるのだろうか？「極端に体重が増減しなければ、あわてなくて大丈夫です」と花本さんは言う。

身体というのはうまく出来ていて、栄養がよほど不足したり、偏った生活を長期間続けたりしない限り、健康が維持できるように調整してくれるものなのだそうだ。ただし、体重の増減がなかったとしても、血糖値や血圧に変化がある場合は病気に繋がるので、健康診断や献血などで定期的に血液検査を受けることが大切とのことだ。

そして、身体を動かさなければ、当然ながら筋肉はどんどん落ちてしまう。「筋肉が増えて、悪いことはまったくないですから」と花本さん。筋肉量が増えると基礎代謝量が増え、消費エネルギーの増加に繋がる。やはり適度な運動は筋肉のため、いや己のため、なのである……。

在宅勤務でも運動量を増やすには、せめて一日に一回は外に出るように心がけると良いと花本さんは言う。思えば、フリーランスのライターというのは、取材の時は外へ行くものの、家での作業も多いので、在宅勤務みたいなものだ。フリーの人でも人によっては、何日も家から出ないという人もいるようだが、私は毎日、外へ出たい（自転車に乗りたい）人なので、そこは大丈夫そうだ。

そういえば、非常事態宣言の後、いつも家で籠って仕事をしている知人と会った時、「世間が自分と同じような生活をしているのが不思議で……」と言っていた。それがまるで、世界が吸血鬼だらけになってしまったことに戸惑っている吸血鬼の言葉のような感じで、なんだか可笑しかった。新型コロナという病いは、社会のいろんな部分のチューニングを少しずつ、ずらしたような気がする。

ひとりだと食べなくなってしまう人とは反対に、だらだらとずっと食べ続けてしまう人もいる（私はこのタイプだ。少量を一日に何度も食べてしまう。満腹になると眠くなり、頭が回らなくなるので、日中は一度にたくさん食べたくないのだ）。ものを食べると、体内では消化吸収のためのホルモンが分泌される。飴玉ひとつであっても、舐めている間は身体が活発に動いている状態なので、これもまた負担がかかり、よろしくないのだそうだ。また食事の間隔が長すぎるのも、やっぱり身体の負担になる。

というわけで、誰もが知る王道だが、食事の間隔はきちんと三、四時間あけて、一日三食食べる、というのがやはり身体に優しい食べ方なのであった。

「ストレスがあると食欲はなくなります。だから、食べたい、と思うことは健康な証拠なんですよ」。おっしゃる通り。だから毎日、お腹が空いて、食べたいものが食べられるのは幸せなことだ。


「『ドラゴンボール』の仙豆《せんず》（一粒食べるとゆうに一〇日間は飢えをしのげ、傷も治ってしまう豆）のように一つ食べれば完璧、という食品はないので、必要な栄養素は、いろいろな食品を食べることでしか摂れないんです」。花本さんは食事の目安として、ちょっと古いですが、と言いつつ、農林水産省の「食事バランスガイド（二〇〇五年）」を挙げた。

コマのようなイラストで、一番上が主食（ご飯やパン）で副菜（野菜やきのこ、芋や海藻）、主菜（肉や魚）と続き、一番下が牛乳・乳製品／果物という風に、食べるものとその割合を説明したもので、ご存じの方も多いだろう。上の方へいけばいくほど、食べる量の割合が増える。このガイドは食文化によって変わるので、各国それぞれが独自のガイドを作っているそうだ。

しかし、このコマの図に私はどこか、理想論的な、感傷的な保守の匂いを嗅いでしまうのだ。特に気になるのは一番上の主食（炭水化物）だ。近年、炭水化物抜きダイエット（白米やパン、麺類を食べない）を恒常的に行っている人は多い。もちろん花本さんはそういう状況もよくご存じだ。「炭水化物抜きダイエットは短期的には痩せますが、一方でご飯を抜くと便秘になりやすい。食べ物にはそれぞれ違った栄養素、それぞれの良さがある。やっぱりまんべんなく、いろいろな食材から栄養を摂るのがいいわけです」。

そして、基本的に人は、いつも同じようなものを食べ、同じようなものを買っているものだという。花本さんは、食事のバリエーションを広げるために、買い物の時は、いつも買う食材だけでなく、食べたことのないものをひとつ買ってみたらどうですか？　とアドバイスするという。外食の時も、いつも頼むものとは違う、食べたことのない料理を試してみたら？　と。

花本さんのアドバイスに対し、買ったことのない食材をどうやって料理すればいいか分からない、という声には、「YouTubeで検索すると、いろいろな料理法が出てくるから参考にしてみたらどうですか？　といった風にアドバイスします」。

過去に厚生労働省が提唱していた「一日三〇品目」が知られているせいか（現在、

厚生労働省のウェブサイトでは具体的な数は挙げていない）、今もデパ地下などでは「三〇品目とれるサラダ」といったものを見かける。しかし花本さんは、品数はあまり気にせず、いろいろなものを食べることを心がければいいという。

一からの調理が面倒なら、冷凍食品やカット野菜を使えばいい。「食事の準備が面倒だから食べない、洗うのが面倒だから食べない、という人が実はとても多いんです。今は、冷凍野菜もカット野菜も種類が増えて、便利になりましたから、どんどん使ってほしい。たとえばカップ麺だって、冷凍野菜と市販の半熟卵を入れればバランス良くなりますよ」。

理想に無理して現実を近づけようとするのではなく、現実にどうやって理想を盛り込めるか。花本さんの話を聞きながら私が思い出したのは、土井善晴『一汁一菜でよいという提案』だった。

――「一汁一菜」とは、ご飯を中心として汁（味噌汁）と菜（おかず）それぞれ一品をあわせた食事の型です。ただし、おかずは昔の庶民の暮らしではつかないことも多く、実際には「味噌汁」「ご飯」「漬物」（＝汁飯香）だけで一汁一菜の型を担っていました。

今、多くの人が毎日のように「今日のおかずは何にしよう」と悩むと聞きますが、一汁一菜が基本であると考えれば、何も難しいことはありません。一汁一菜は、現代に生きる私たちにも応用できる、最適な食事です。

土井先生も米を中心とした、伝統的な食事の提唱者だが、『一汁一菜……』では、それをぐっと、現実の方に近づけた。味噌汁の具は何を入れてもいい。肉やベーコン、昨日の残りの唐揚げを入れたっていい。味噌汁とご飯、あとはちょっとしたおかずで満足できるよう、具沢山にすればいいという。これは眼から鱗の提案だった。

実際にやってみると驚くほど、だしと味噌がどんな具材も調和させてくれる。肉を入れると味にコクが出るので、満足度がぐっと上がるのだ。これなら無理なくできるし、味のバリエーションが増えるだけでなく、家にある食材を適当に使えばいいので、中途半端に残ってしまった野菜なども無駄なく使い切れるのがいい。先日、餃子の餡が残ったので、試しに味噌汁に入れてみたら予想よりもずっとおいしかった。

人と一緒の食事のことを「共食《きょうしょく》」というそうだ。人は、会話や他の人の料理などを通して、新しい知識を得たり、好奇心を刺激されたりする。ひとりだとお菓子で適当に昼食を済ませてしまう人も、人と一緒だからきちんと食べる、といった効果もある。

そして、外食もまた、新しい料理や素材に出会う絶好のチャンスだ。しかしコロナで、私たちは時に、共食も外食もままならぬという状況に陥ってしまった。そんな時でも新しい食材、料理を試してみることはできる。

コロナ禍で気の毒なのは、やはり子どもたち、若者たちだと私は思っていた。大人の一年は「光陰矢の如し」であっという間に過ぎてしまう。しかし、給食を黙食する小学生たちや、オンライン授業で同級生に一度も会っていないといった話を大学生から聞くと、コロナが彼らの人生に与える影響は、何か凄まじいものなのではないかと危惧してしまう。

しかし、花本さんいわく、若者たちは持ち前の柔軟さで、別の場所にいても、携帯やｉＰａｄなどを使い、同じものを食べたり、互いの食事を見せあったりしながらの食事にも抵抗がないという。

ヴァーチャルであっても、同じ道具を使う、同じ物を食べるなどで、互いが場を共有しているという「同質性」が生まれると、『Ａｕ オードリー・タン 天才ＩＴ相７つの顔』（アイリス・チュウ、鄭仲嵐）にもあった。今はひとりの食事もツールを使えば共食になりうる、そんな時代なのだ。

一方、高齢者にとっても、悪いことばかりではなくて、家族が在宅勤務になり、それまでひとりだった食事を一緒に食べるようになった、ということもあったそうだ。

アフターコロナである今、ひとりの食事は忌むべきことではなく、選択肢のひとつであり、状況によっては好ましいことにまで格上げされた感がある。

「コロナを経て、ひとりでの食事が増えた今、他人に気を使わず、ひとりで食べる気楽さ、自由さを知った人も多いと思いますよ」。日々、いろんな人たちの食の悩みを聞き、アドバイスしている花本さんの言葉は、明るく、現実的で頼もしい。

そして、毎日、ひとつでいいから新しいものを食べてみて、というアドバイスは、ふと不安や寂しさで灰色になりがちな現代において、色鮮やかな花束のように、心を明るくするお言葉でありました。

三三個の真面目な餃子

餃子を作ることにした。

というのも、ここのところ何度か、あまりにも適当に作ったせいでおいしくなかったので、もうちょっと真面目に作らなければ、と思ったのだ。主な敗因は塩が足りなかったことで、なんともしまらない味になってしまった。

しかし餃子なんて、どう作ったってマズくならないと思っていたので、これは私が変わってしまったのか、それとも餃子が変わったのか……。答えは餃子であった。

以前、私が頻繁に作っていたのは水餃子だったが、失敗続きなのは焼き餃子の方なのだ。

私はいつも水餃子には黒酢、砂糖、醤油、花椒（中国山椒）の粉、唐辛子などを混ぜたタレにつけて食べる。花椒や唐辛子を入れるのでタレにはパンチが効いている。また皮の滑らかさも手伝って、味つけが適当でも結構おいしく食べられてしまう。対して焼き餃子のタレは、醤油、酢、ラー油とシンプルなだけに、餡の味をしっかりつけておかないとおいしくないようだ。

水餃子は茹でると分厚い皮がもちもちするので、皮を自作した方がおいしい。焼き餃子は、薄い皮がパリッとするのがいいのでいつも市販品の皮を使う。スーパーへ行けば、大判やもち粉入りなど、いくつもの選択肢がある。特に決まった銘柄はなくて、包むのがちょっと面倒くさいな、と思う時は大判のを買ったり、心が広くなっている時は数十円高いもち粉入りのを買ったりと、その日の気分で選んでいた。

先日、中野へ行った時に、麺や餃子の皮を製造している大成食品という会社が月に一度のセールをやっていた。ちょうどセールの開始前で行列ができている。試しに列に並んで、三三枚入りの餃子の皮を買った。その時に、この皮はグループ会社の八幡製麺所のものなんですよ、と教えてもらったのだった。

「次はおいしいのを作るぞ」と思っていたので作る前に、家にある『ウー・ウェンの北京小麦粉料理』を確認した。ウー・ウェンさんの焼き餃子（锅贴《ゴーティエ》）は中国式で、タレは使わず、そのまま食べるタイプだ。それを参考にして私も塩胡椒、醤油のほかに、甜麺醤とオイスターソースも少し入れることにした。野菜は家にあった白菜と葱を使う。

挽き肉は買ってあったが、ウー・ウェンさんが薄切りの豚バラ肉を刻んでいたので、豚バラも刻んで挽き肉に混ぜ、すりおろした生姜とにんにくも少し入れた。材料を合わせてよく練り、数時間寝かせた。

包んでしまえば焼くのは簡単だ。フライパンと蓋さえあれば、誰だってパリパリに焼ける。油をひいたフライパンに餃子を並べ、水を適当に入れて蓋をし、強火で蒸し焼きにすればいい。

こうして真面目に作った焼き餃子は、皮はパリパリ、中身はしっとりジューシーで歯ごたえも良く、久しぶりに満足する出来栄えであった。

そして今回の皮は三三枚入りだったが、思えば、スーパーで買う餃子の皮も二五枚、二三枚など、割り切れない数のものがよくある。これはいったい、何人で食べることを想定しているのだろうか？

ひとりで三三個は多すぎる。やはり複数で食べることを想定しているのか。二人だったらひとりあたり一六個と一七個？　三人だとちょうど一一個で割り切れるから三人前？

そういえば、外で食べる餃子は一皿、いくつだったろう？

調べてみると、「餃子の王将」は六個、飯田橋の名店「おけ以」、神保町の「神田餃子屋」も一皿六個のようだ。亀戸の「亀戸ぎょうざ」は五個だが、この店は最低二皿がデフォルトだから一〇個か。厚い皮が特徴の「ホワイト餃子」は一皿一〇個のようだ（単行本化にあたり、あらためて調べたところ、昨今の食品の値上げの影響か、八個になっていた）。

六個か、一〇個か。この違いはもしや、ご飯と一緒に食べるかどうかの差では？「おけ以」や「神田餃子屋」の餃子は、ご飯のおかずになるタイプの餃子だ。ホワイト餃子のように、分厚い皮が米に匹敵するボリュームだと、ご飯を食べる必要を感じない（若者は違うかも）。

ご飯のカロリーと餃子四個分のカロリーが同じだったら面白いな、と試しにまた調べてみた。餃子の王将の餃子は一皿三四六カロリーとあるので、一つ約五七・七カロリー。四個で二三〇・八カロリーだ。では白米はというと、農林水産省のウェブサイトによれば、ご飯茶わん一杯（約一五〇グラム）は約二四〇キロカロリー。おお！　その誤差は一〇カロリー以下！　偶然……だろうか？

では、市販の皮の枚数は……というと、これはおそらく、家族構成などを考慮しているのではなく、値段やコストからはじきだされた枚数だろうと想像した。しかし、本当のところはどうなんだろう？　と思い、八幡製麺所さんへ話を聞きに行くことにした。

「餃子の皮の数ですか？　今まで意識したことがありませんでしたね」と営業直売部門の部門長で、製麺技能士である深澤公仁《きみひと》さんはおっしゃいつつ、想像通り、枚数はひと袋全体のグラム数から、一枚当たりのグラム数を割ってはじきだされたものだという。

八幡製麺所の皮はもともとの創業者が、四川料理の料理人、陳建民氏（陳建一さんのお父さん）と一緒に開発したもので、今も当時のまま、粉の配合も作り方も変えていないそうだ。業務用の受注生産が主で、取引先は中華料理店が多い。中国人のシェフも太鼓判を押す味だ。

一部、成城石井や明治屋（いつも中国人客でにぎわう池袋の中国食材店、友誼《ゆうぎ》商店でも見つけた。中国人シェフが太鼓判、も納得）など、小売店に卸している皮は、直径約一〇センチ、一枚あたりの重さは約一〇グラム。一袋が三五〇グラムなので一袋三五枚前後となる。私が食べた工場セールの商品は特別仕様で、少しだけ皮が厚く、三三枚だったのだそうだ。

実は、私はこれまで、市販の皮はどれも同じようなものだと思っていた。大きさも厚さも揃っているので扱いやすいが、水分が少ないのか硬めで、包んでいるとすぐに皮の端が破れてきてしまう。自作の皮は決して、市販品のように均一には伸ばせないが、生地が柔らかいので多少、形が変でも簡単に包めるのが良いのだが、八幡製麺所の皮は厚さも一定で薄く、なおかつ伸びが良くて包みやすかった。

試しに餃子の皮の水分量を調べてみると、グリコのウェブサイトに、機械で作る餃子の皮の粉の割合が載っていた。小麦粉が一〇〇に対し、水が三二とある。『北京小麦粉料理』では小麦粉が二〇〇グラムで熱湯が一四〇ミリリットル。水分量はグリコの約倍の量だ。市販の皮が硬いのは水が少ないせいだろうか？「いや、粉と水の割合はうちも同じようなものですよ。皮の違いは、粉の配合によるものだと思います」と深澤さん。

基本的な餃子の皮の材料は小麦粉、水、塩とシンプルである。それだけに粉は重要で、各メーカーで使う小麦粉も配合も違い、それぞれ企業秘密なのだそうだ。八幡製麺所では中力粉から準強力粉くらいの小麦粉を使い、ずっと同じ製粉会社で配合してもらっているそうだ。

小麦粉の種類というと薄力粉、中力粉、強力粉という三つの分類だけで、たとえば薄力粉ならどれも同じだろう、と私などは考えがちだ。しかし実際は、産地や品種などによって味にも品質にもかなりの違いがあるという。

皮の硬さについては、製造からの日数も関係ありそうだ。パンも同様だが、小麦粉で作った食品は、日が経つにつれてどんどん硬くなる。流通販路の広い大手メーカーの皮の賞味期限は一週間以上と長いが、八幡製麺所では小売りのものでさえわずか五日だ。賞味期限を延ばそうとすると、酒精(エタノール)などの保存料や添加物が多くなる。ちなみにプロの人たちは、使わない分はすぐに冷凍してしまうそうだ。

八幡製麺所では実際に作っているところも見せてもらえた。小麦粉と水、塩を混ぜ合わせ、攪拌し、伸ばすところまでは機械で行い、型抜きから、重さを計って袋詰めするところは手作業で行う。冷房のよく効いた工房の中は小麦粉と、生地同士がくっつかないようにする打ち粉の匂いだろうか、微かながらどこか爽やかな香りがする。

伸ばしたての、とても柔らかそうな幅広の生地を何十枚も重ね、円柱状の金属の型で素早く一気に抜く。経験が少ないと丸く抜けず、楕円形になってしまうそうだ。それを手で軽くまとめて重さを計り、袋に詰める。

出来たての皮はすべすべと滑らかで、かつガラスのように繊細に見える。とても綺麗だ。袋詰めしたら一晩寝かせて出荷する。抜いた後の、残った生地はどうするのですか？　と尋ねると、もう一度まとめると品質が変わってしまうため、残念ながら廃棄します、とのお答えだった。これはちょっともったいない。何か有効な利用法があると良いのだが。

そして、八幡製麺所のように、小規模で餃子の皮や麺を作っている会社は、嬉しいことにまだまだ東京にもあるし、日本中にあるだろう。「それぞれの製麺所はみな、自分たちの配合や作り方に自信を持って作っていますよ」と深澤さん。「市販の皮はみなどれも同じようなもの」ではないことが分かったので、これからはそんな小規模な製麺所の皮を見つけたら試してみたい。

というわけで、製造現場まで見学させてもらい、枚数の謎も解消した。どのみち実際は、二五枚入りだろうが三三枚入りだろうが、袋を開けたら、その日のうちに全部包んでしまい、食べない分は冷凍してしまうので悩むことはないのだ。

今回も初めから、一三個食べて二〇個は冷凍、と考えていた。しかし予想以上においしかったので、ついもう一〇個、追加で食べてしまった。これでは、体重増加を少しでも阻止すべく先に食べた、しめじと舞茸のホイル焼きの効果は期待できない。でもいいや。明日、体重が数百グラム増えたところでいいじゃないか、そう思う。真面目に作った三三個のおいしい餃子は私に、伸び伸びとした気分をくれたのだ。おいしい！　と思うことにはこんな良さもある。

そっと一蘭

ラーメンは実にソロ・フレンドリー(という言葉はないが、そろそろ使われても良さそうだ。ひとりを指すソロという言葉はずいぶん使われるようになった。近年、世界はすっかりひとりに優しくなった)な食べ物だ。ひとり客が多く、誰もがさっと食べてさっと出ていく。ビールなどのアルコールを頼む人もいるけれど、あまり長居はしなさそう。人によっては、立ち食い蕎麦屋よりも入りやすいと言う。

そんな中でも「天然とんこつラーメン専門店 一蘭」はカウンターが一席ごとに板で仕切られているという、ユニークな店のつくりのラーメンチェーン店である。仕切りのおかげで、人に顔を見られたくない芸能人にも愛されているとか。一蘭は新型コロナの発生以後、あらためて注目されるようになった。というのも、飛沫が飛ぶのを防ぐため、飲食店や会社がアクリル板の仕切り板を導入するようになり、以前から仕切りのあった一蘭を、テレビなどで盛んに取り上げるようになったのだ。

どういう理由であの仕切りが生まれたのか知りたくて、一蘭の広報、佐々木さんと五十嵐さんに話をうかがうことにした。

仕切りの名前は正式には「味集中カウンター」という。一蘭は一九六〇年に福岡で屋台から始まり（当時は違う経営者が営んでいた）、その後、第一号店（開店一九九三年）からすでに、厨房と客席を仕切る暖簾をつけていたというから、当時から「仕切りたい」気持ちがあったことがうかがえる。そして九七年、博多店のオープン時に初めて、隣席との仕切りを作る。これらのアイデアは代表取締役社長、吉冨学氏のいくつかの体験によるものだという。

ひとつは氏の少年時代に遡る。母親が、料理の味見をする時には目をつぶるのを見て、しっかり味わうためには、ほかの情報を遮断する必要があるのだと、子ども心に感じたのだそうだ。

そしてもうひとつは、ラーメン店でアルバイトをしていた頃の体験だった。常連客に、自分が作ったと言ってラーメンを出すと「まだまだ」と言われ、自分が作ったものを店主が作ったと言うと「旨い」と言われたのだという。こうした経験から、情報に左右されず、集中して、ラーメンの味そのものを味わってほしいという想いから仕切りが生まれたのだそうだ。その話を聞いて、「味集中カウンター」という、ちょっと不思議なネーミングの謎も解けた。

確かに、ずっと行ってみたかったレストランへ行ったのに、友だちとのおしゃべりが楽しくて、味の方はあんまり覚えていない……という経験は私にも覚えがある。しかし、情報に左右されないで……というのは、なかなか挑戦的な試みだとも思う。

私たちは食べる時、味に加え、いろいろな情報をスパイスにして味わっているものだ。「ここは老舗なんだよね」、「〇〇さんが好きな店だから」、「おばあちゃんがよく行っていて」、「食べログで高得点だよ」など、どれも味覚を彩ってくれる情報だろう。味のプラシーボ効果とでもいうのだろうか。情報のあるなしで、味わいが変わってしまうことは否めないのだ。

一蘭ではまず、入口の券売機で食券を買う。中へ入ると空席案内板があるので、空いている席を確認し、好きな席に座る。店側では、客がどこの席に座ったのか、分かるようになっている。席の両側には仕切り板があり、前にはすだれが下がっている。備え付けのオーダー用紙（日本語、英語、韓国語、中国語〔繁体字〕の表記のものがある）に味の濃さ、こってり度、にんにくや赤い秘伝のたれの有り無しなど、自分の好みに○をつける。「もしカロリーが気になるなら、こってり度はなし、にすれば良いですし、味の濃さもうす味からこい味まで選べます。麺に関しては、〝九州系の細麺はやっぱりかためでしょ〟とおっしゃるお客様もいらっしゃいますが〝やわめ〟は小麦粉の風味がよく分かりますし、疲れている時は、喉に通りやすい超やわめもおすすめですよ」と佐々木さん。

オーダー用紙に記入し、テーブルの呼び出しボタン（ボタンといっても凹凸がない）を押すと、スッとすだれが上がり、スタッフが姿を現す。注文表と食券を渡すと再び、すだれがサッと下がる。この時、脳裏にふと「忍者屋敷」という言葉が浮かんでしまう。金沢の妙立寺（通称、忍者寺と呼ばれる寺院。隠し階段や落とし穴階段など、たくさんのからくりがある。楽しい）での思い出が蘇ったりする。

「店内は、空席案内板もですが、実用性だけでなく、その体験を楽しんでもらいたいという意図もあります。社長は人を喜ばせることが大好きなので」と五十嵐さんは言う。

私が一蘭の名前を知ったのは香港に住んでいた頃だと思う。香港人はラーメンが大好きで、日本旅行の記事によく一蘭が紹介されていた（今では直営店がある）。香港の人々は日本の情報について、日本人より詳しいぐらいよく知っているが、日本語は苦手、という人も多いから、言葉を交わさなくて済むという点も好感度が高かったのだろう。

多くのラーメン店がそうであるように、一蘭のメイン客も、食欲旺盛な男性客と思っていたが、実際は女性が四割と聞いて驚いた。しかし、よく考えてみると、一蘭のラーメンはとんこつ味ながらサッパリしていて、ボリュームが多すぎず、ざる蕎麦的な軽さがあるので男女問わず、幅広い層に好まれる味だ（たくさん食べたい人は替玉を頼めばいいし、こってりが好きな人は、注文表でこってり度を高くすればよいのだ）。そして、ひとりで食べているところを見られたくない、という女性もまだまだいるので、一蘭は女性にとっても入りやすいのだという。

替玉を注文する時に一蘭では、替玉プレートという、小さなプレートを呼び出しボタンの上に置く。「替玉が欲しい時は大声で注文しないといけない店も多いですが、一蘭ではその必要はありません。これは女性にも評判が良いです」と佐々木さん。彼女も学生時代、一蘭で食事をする客のひとりだったそうだ。

どんな時に行っていましたか、と尋ねると、「お腹が空いたけれど、あまり時間のない時、友だちとの待ち合わせの前にちょっと食べたいな、と思った時などに利用していましたね。人と一緒なら、どんな店でも入れます。でもひとりだとやはり入れる店は限られていて。なかでも一蘭は入りやすかったですね」。

一蘭はひとり客だけでなく、女性にもフレンドリー、そしてキッズ・フレンドリーでもある。一蘭は以前から、外国人観光客にも人気なことで知られていたが、コロナで観光客が来なくなった時期も、売り上げはあまり影響を受けなかったという。というのも郊外店では「仕切りがあり、安心して食事できる」と、家族連れ客が増えたからだ。「お子様連れには、椅子に背もたれをおつけすることもできますし、お子様用の椅子も用意があります。アプリを入れていただくと、大人ひとりにつき、小学六年生以下の子ども五人まで、半分の量のお子様ラーメンを無料で提供しているんですよ」と佐々木さん。それはお得なサービスじゃないですか！

このお子様ラーメンのサービスが生まれたのは、親子連れは子どもの分のラーメンを取り分けている間に、スープが冷めたり麺が伸びたりしてしまうことや、辛い「赤い秘伝のたれ」抜きで注文することが多いことに着眼し、自分のラーメンは自分の好きな味で、最もおいしい状態で食べてほしい、と始めたサービスなのだそうだ。

客とスタッフは、ほぼ接することがないにもかかわらず、店側は実に細やかに客を観察している。ここにもどこか「忍者み」を感じてしまうのは私だけだろうか。

現在、一蘭の店舗は全国に七九店舗、海外に七店舗。どの店でも同じ味を提供するため、自社の製造拠点（一蘭の森）で麺やスープなどの製造を行っている。そのため、各店舗では材料を運んだり、大きな鍋で煮込んだりといった力仕事がないので、スタッフの男女比はほぼ五対五だという。客だけでなくスタッフにも女性が多いのも驚きだった。中の様子がまったく見えないので、スタッフの男女比なども外からはうかがい知れないのだ。

最終的な調理は各店舗で行い、「注文から五分以内に出す」「ラーメンが出来たら一五秒以内に出す」など、おいしく提供できるルールが設けられている。もちろん料理場は清潔で、衛生には徹底して気をつけているという。

いろいろと話を聞いていて、ひとつ気になったのは、スタッフの方々のモチベーションである。

店というのはどんな形態であれ、大なり小なり、店の人間と客とのかかわりが不可欠な要素だ。良いところも悪いところもあるだろうが、それが刺激となり、人や店を動かしているものだと思う。記憶には残らないような一瞬の、その時だけの人の顔や表情、声や仕草などもそこには含まれている。しかし一蘭ではそのかかわりを限界まで抑えている。「ですから一蘭ではお客様の声・ご要望カードを用意しています。そこから、お褒めの言葉など、印象的なものは全店舗で共有します。やっぱりお客様の声はモチベーションに繋がりますね」と五十嵐さんは笑顔になる。そうですよね。客の顔も見えず、感想もまったくなかったら、スタッフ側は気楽かも知れないが、それはそれで物足りないと思う。

一蘭でラーメンを食べようと前かがみになると、仕切りによって隣がまったく見えなくなる。身体を起こすと周辺の様子が目の端に入ってくる。「味集中カウンター」とはよく名付けたものだと思う。これなら、食べている間は、ほかの情報がほとんど入らず、食べることだけに集中できる。そうして身体を起こすと「あ、隣の人たちは大学生かな」とか、「カップルだけど女の子の方が常連みたい」などと、いろんな、ふわふわとした思いが脳裏に浮かぶ。

一蘭は「ひとりが基本」だから、ひとりで外食する気恥ずかしさ、などというものがカケラも存在しないよう、細やかな工夫がなされている。一蘭ならば人と一緒に来ても、食べている間は「ひとり」になれるのだ。

ここには「食べる」ことは、実は共有できないという、食べることの本質があるようにも思える。一緒に食べる、とは同じ場を共有する、ということに過ぎない。あなたの味覚はあなただけのもの。一蘭の仕切り、なんだか深いなあ……。

というわけで、ひとりで外食してみたいけれど、まだ果たせていない、という人に、入門編として一蘭は本当におすすめだ。ひと言も発することなく、恥ずかしさも後ろめたさも、そして寂しさも感じることなく、ひとりでのびのびとおいしいラーメンを味わうことができます。

町に出よ、中華を食べよう

昔、家の近所の町中華でアルバイトをしたことがある。一〇代の頃だ。会計は店の主人がするので、お冷やと料理を運ぶだけの簡単な仕事だった。

いろんなお客さんが来たけれど、大方は男性のひとり客。皆、黙々と食べたらさっと出ていく。ビールを頼む人もいたが長居する客はいなかった。最初にビール、その後に麺類やチャーハンなんかを頼み、食べると出ていく。

その中でひとり、印象に残る男の人がいた。その人は毎日、やってきた。そして頼むものはいつも同じ。「中華丼、塩味で」と言う。

店の中華丼は醬油味だから塩味で、とわざわざひと言、添えて注文する。毎日来て、毎回同じ料理を頼むのだから、その人が暖簾をくぐり、ドアを開けた瞬間、私も主人も「あ、中華丼、塩味だな」と思うのだ。私が客と気さくに話すような性格だったら、彼に水を出しながら「中華丼、塩味ですよね」なんて明るく言ったかも知れない。しかし私はそうはせず、彼もまた「もう分かっているだろ?」というような態度は微塵も見せず、毎回「中華丼、塩味で」と静かに言うのだった。

彼のように、夕方になると毎日来るお客さんはほかにもいた。きっと彼らはひとり暮らしで、料理を作るのは面倒だし、作ってくれる人もいないということで、ここを利用しているのだろう、と思っていた。ひとり客が多いと混雑しても店の中は静かで、厨房から聞こえてくる調理の音以外は、麺を啜る音や新聞をめくる音などが聞こえるくらいだった。

当時、町中華という言葉はなく、そういう店はラーメン屋と言っていた。いつからか、ラーメン専門店や高級中華料理店と区別するためか、町中華、という言い方がポピュラーになった。町中華は、そこを目指してわざわざ行くものではなく、家(や会社)の近くにあるから行く、たまたま近くに来たから行く、というものだと思う。

そしてこれは町中華ではなく、ラーメン屋についての話なのだが、久住昌之『近くへ行きたい。秘境としての近所——舞台は〝江ぐち〟というラーメン屋。』（一九八五）という本がある。久住さんの地元、三鷹にあるラーメン屋「江ぐち」の話である。久住さんは江ぐちのラーメンが大好きで、何かというとそこへ行く。愛着はあるけれど、店の人と話したりはしない。常連という自負はあるがベタベタしない（できない）。彼は幼馴染みや同級生ら「悪友」たちと、お気に入りのラーメンとそこで働く人々について一方的に妄想を広げ、江ぐち愛を展開させていく。

実在する店で実際に働いている人たちに、「アクマ」、「オニガワラ」などというヒドイあだ名をつけて、それをそのまま書いているのって凄いな……と初めて読んだ時に思ったものだが、これを機に、読み直そうと思って調べると（私はこの本を当時バイトしていた古本屋で、売り物を仕事中に読んでいたので手元にないのです）、驚くべきことにこの本は『小説 中華そば「江ぐち」』（二〇〇一）、『孤独の中華そば「江ぐち」』（二〇一〇）と次々にタイトルと出版社を替え、その都度、新しい文章を加えながら出版されていたのだ！

一冊目では妄想だけだった内容も、出版後は江ぐちの人に本の存在を知られることとなり、少しずつご本人たちの談話などが入るようになって、厚さを増している。そして一九八五年、二〇〇一年、二〇一〇年と新版が出る度に補足される文章は、三鷹の町の変化にも呼応し、私的な町の定点観測にもなっている（江ぐちは二〇一〇年に閉店し、その後、働いていた若いスタッフが「みたか」という店をオープンした）。久住さんはテレビの取材で江ぐちへ行った時のことをこう書いている。


——江ぐちに、聞きたいことなんて何にもないのだ。

ただ、この味がいつまでも残って欲しいと、個人的に願うだけなのだ。（『孤独の中華そば「江ぐち」』）

すごくよく分かる、と思った。私も好きな店に対して、なくならないでほしい、末永く続いてほしいと願うだけで、店の人と話したいとか、仲良くなりたいと思ったことがない。私は自意識過剰なので、取材した店を再訪することすら苦手だ。挨拶すべきなのか悩んでしまうし、緊張してしまう。もともとよく行っていたのに、取材がきっかけで足が遠のくこともしばしばだ（困る……）。

図書館はどんなヘヴィユーザーであっても常連感が出ない（スタッフは決して、必要以上の言葉を発してこない）ことは、私が図書館LOVERである理由のひとつだが、一度、貸出カウンターで「いつもお世話になっています」とスタッフに言われ、青ざめたことがある。

これはおそらく、スタッフの前職の習慣でつい口に出てしまった（彼女もアッ失敗した！　という顔をしていたし）だけだろうし、これ一度きりだったが、私は現実を突きつけられた気がした。図書館の人たちだって、しょっちゅう来る利用者の顔は覚えているはずだ。私の貸出履歴は、個人的に読む本と、仕事のために読む本が混在していて、まさにカオス。しかし、自分につけられたあだ名を想像する勇気はまだ、私にはない。

と、話がそれてしまったが今、私にはよく行く町中華の店がない。ということで今回、周りの人にアンケートを取ってみた。その中で気になったのが、中目黒の高伸《こうしん》というお店だった。チャーハンと餃子がおいしい、とある。洒落た店の多い中目黒にある町中華というのも面白いと思い、早速ランチに行ってみた。店は中目黒の駅から歩いて五、六分ほどの、商店街から外れた裏通りにあった。ランチタイムが終わる頃に行ったのだが、中はお客さんでいっぱい。それもひとり客ばかりだった。

中に入ると、椅子の座面が赤いのが町中華らしい。しかしメニューを壁に貼ってはおらず、町中華というより中国料理店のような雰囲気もあるなあと思いつつ、テーブルのメニューを見るとラーメンや餃子、レバニラ炒めといった、お馴染みの名前が並んでいた。餃子とチャーハンがセットになった餃子セットを頼んでみると、チャーハンにはピンク色の刻んだナルトが入っているのがなんだか懐かしい。嬉しい。餃子も熱々のカリカリ、軽い食感であっという間にお腹の中へ。ということで、店主の高木マツイさんにお話をうかがうことにした。

高伸が開店したのは一九八四年、三八年前のことだ。当初は、タイプライター工場を経営していた高木さんのご主人が借りていた、中目黒駅の高架下で開業したのだそうだ。ご主人が病を得た時、自分がいなくなってもできる商売を、と夫婦で話し合って考えたのがラーメン店だったのだという。高木さんが他のラーメン店で修業している時にご主人は亡くなった。「パートじゃ子ども三人を食べさせることはできないからね。料理人は新聞の求人で募集して店を始めた。家が料理屋なら、商売のことも小さい頃から見ながら覚えるだろうけど、私はそうじゃないでしょ。初めてのことばかりで、大変なこともいろいろあったわよ」。ちょっと眉間にしわを寄せ、真面目な顔で話す高木さんは現在、御年八一歳。若々しくて、とてもそんなお年には見えない。「疲れるけど、お客さんにおいしいって言われるとやっぱり嬉しい。家にいてもつまんないしね」。

その後、高架下の耐震工事のため、一三年前に今の場所に移った。現在、厨房で料理を作るのは高木さん、息子さんとコックさんの三人だ。ホールは三人のアルバイトで切り盛りしている。先代のコックさんは開店から亡くなるまでこの店で働き、現在のコックさんは開店当時にアルバイトとして働き始め、見よう、見まねで料理を覚えたのだそうだ。ホールの人たちも長年働いているベテランだ。

人気メニューはやっぱり餃子とチャーハン。餃子の餡は機械を使わず、キャベツとニラを毎日、手作業でみじん切りにする。同じように作っていても、野菜の味は季節によって微妙に変わる。「味覚の鋭い常連さんは味の変化を指摘してくるから怖いわよ」。チャーハンの具はチャーシューとナルトと葱、そして卵。「チャーハンは今のコックになってから人気が出て、頼む人が増えたんじゃないかな」。

餃子の皮や麵、野菜などの業者は先方が止めない限り、変えずにつきあいを続けてきた。「みんな、私たちが店に来る前に届けてくれる。鍵を預けているから早朝、材料を置いていってくれるからね。飲食店はどこもみな、そうだと思うわよ」。そうなのか。ならば本当に、お店と業者との信頼関係は大事だろう。

お客さんも地元の常連さんが主で、週に三日は来るという人も珍しくない。今では三代にわたるお客さんもいる。「引っ越しても、餃子を食べに来たよ、とか、チャーハンの味が忘れられなくて、と言って食べに来てくれる」。男女比は七対三くらい、夜のひとり客も多いそうだ。

そして、常連が注文するのはやっぱりいつも同じ料理だという。変える人でも三種類くらいの中からどれかを選ぶ程度。だからその人の顔を見たら、「名前は知らないから、あ、味噌ラーメンの人だ、あ、チャーハンセットの人ねって。顔を見たとたん、鍋をかけたりするわよ」と笑う。

でも、私は薄情なところもあるからね、と高木さんは言う。「営業時間が終わる時間にお客さんがいても、終わりですから、って言うわよ」。夜、飲んでいてなかなか帰ろうとしない客を帰らせるのも高木さんの役目だ。怖い小母さんだと思われることもあるね、と言うが、客のために我慢しすぎないのも、店を長く続けていく秘訣かも知れない。

話を聞きながら、やはり主人のお人柄というものが、その店の雰囲気をつくっているのではないだろうか、と思った。なぜなら先のアンケートにはこう書かれていたのだ。「お店の人も気さくで、さっぱりしていて好きです」。それはスタッフのことよ、私はホールに出ないからね、と言うが、高木さんから感じるのは薄情さではなく、気さくでさっぱりとしたお人柄なのだった。

町中華はやはりひとりご飯の心強い味方である。いつ食べても、ああ、これこれ、と思う、ほっとする味。ボリュームもあり、しっかりお腹を満たしてくれる。しかしあの味は家庭ではなかなかできない。やはりプロの味なのだ。

私は東京の北の方に住んでいるので、なかなか中目黒へ来ないんですが、来たら、また食べに来ますね、と言うと、高木さんは「その時は分かんないかも知れないから。前の方に座ってくれたら分かるかも知れないけど、私、人の顔とか、すぐ忘れちゃうから」とおっしゃる。自意識過剰の私は心の中で「覚えていらっしゃらないなら、なおさら来たいです！」と激しく思った。

常連ではないが、こう願わずにはいられなかった。この店がいつまでも変わらず、ここにあってくれますように。

みんなの立ち食いそば

この本の担当編集者である岸本さんと、立ち食いそばについて話をしていた時のことだ。彼は、自分がよく行く店です、と椎名町にある南天の名を挙げた。

「そこ、屋根がないんですよ。だから雨の時はちょっと食べづらいんですが……」

「え？　屋根がないとは？　露天ですか？」

あ、そうではなくて、と言いながら、素早く携帯で画像検索し、店の写真を見せてくれた。

なるほど。店舗は間口の狭い小さな店で、屋根があるのはカウンターの部分だけ。

三人も並べば満席になってしまいそうだ。店の狭さを補うように、店の前には両脇に細長い台とベンチが置いてある。

この連載を始める時、取り上げたいもののひとつが立ち食いそばだった。私は外出時によく、立ち食いそばを食べるからだ。しかし、周りの人たちに聞いてみると、利用したことがない、という人が予想よりもずっと多かった。

その理由として、どう注文して良いか分からない、もたもたしていると迷惑になりそうで気おくれしてしまう、また、うどんが好きだから立ち食いそばには行かない、と言う人もいた。

いやいやいやいやいや。立ち食いそばにはもちろん、うどんもあります。そばかうどんか選べますよ！　立って食べるのが嫌、という意見もあったが、今はチェーン店を始め、多くの店舗には椅子がある。こういう人たちは外食の選択肢に、はなから立ち食いそばはないのだろう、と思った（別に悪いことではない）。

私は基本、メニューを選ぶ時には思いっきり悩むタイプで、店員さんが来て「何になさいますか？」と声をかけられるギリギリまで考えているが（最後の数秒で、決めたものを覆すこともしばしばだ）、立ち食いそばでは悩まない。頼むメニューが決まっているからだ。

春から秋にかけては冷やしたぬき、冬は天ぷらそば。また、特に好きな店というのもなく、お腹が減った時、近くにある店に入る、という感じ。利用の仕方としてはファストフードに近いだろう。どこでもだいたい同じ味だと思っているから、メニューも店も選ばない。

岸本さんが南天でよく食べるのは肉そば。それが名物だと言う。肉そば！　私の立ち食いそばにはないカテゴリーである。それはぜひ食べてみたいと早速、椎名町へと足を運んだ。

南天は西武池袋線の椎名町駅北口を出てすぐのところにある。店には販売機も椅子もない。カウンターに立つと、中にいるお店の人との距離は数十センチしかない。これは「立ち食いそば食べない勢」が最も苦手とするタイプのお店だろう。初めてなので私も緊張した。でも、肉そばを食べようと決めていたので、悩む必要はなかった。

店員さんに注文を伝え、待つこと、僅か数十秒。あっという間にそばが出てきた。おおー、薄切りの豚肉と葱がどっさりのっている。嬉しい。カウンターには好きにかけていい揚げ玉もどっさりある。嬉しい。

そばにのっている薄切りの豚肉は脂身が少なく、さっぱりしているけれど、パサついてはいない。なかなか絶妙な塩梅だ。つゆは飲み干してしまえるくらいの薄味。そばにも特徴がある。ほんの少しだけ平たくて、滑らか。なるほど、これはおいしい。一般的な立ち食いそばとは違う、唯一無二の肉そばだ。

初めてなのと、狭さで肩のあたりを緊張させながら、カウンターの隅でそばを啜っていると、次から次へとお客さんが来る。常連さんだろうか、店の人が「元気でした?」と挨拶している。親子連れも来る。店の前のベンチに座って、お父さんと小さな男の子が食べ始める。年配の女性も来る。葱、多めでお願いね、とお店の人に声をかけている。店に貼ってあるメニューには、肉そばのほかにも天ぷらそば、なめこそばなどもあるのだが、ほかの人たちもみな肉そばを食べている。

店の前は広場というほど広くはないが、歩道にしてはかなりの幅がある。その先は植え込みで、沿うように長いベンチが設けられている。店はゆるやかに周りの空間と繋がっていて、植え込みのベンチで座って食べても違和感はない感じがした。店は小さいし、せわしなさは立ち食いそばの宿命だけれど、ここにはなんだか不思議な開放感があった。小さな音で流れているレゲエもこの空間にとても合っている。

普段、チェーン店でばかり食べていたので、南天は私にとって、とても新鮮だった。なによりクセになるおいしさがある。あの味、そしてあの場がどうやって作られているのかが気になって、店主の湯浅清さんにお話をうかがった。

南天のオープンは一九九八年。長らく飲食業で働いていた湯浅さんは、最初から立ち食いそばの店をやろうと思っていたわけではなかった、と言う。当初、元同僚と二人で自分たちの店をと場所探しをしていた時に現在の場所と出会い、この狭さでもできる店は何かと考えて、立ち食いそばを始めようと思い立ったのだそうだ。

馴染みのそば屋の肉そばがおいしかったのをヒントに試作を重ね、独自のレシピを開発した。さらに、誰が厨房に立ってもおいしく作れるように、オリジナルの濃縮だしを業者に頼んで作ってもらった。ほんのり甘いつゆの秘訣は大量の玉葱という。玉葱を煮たスープと濃縮だしで、南天独特のつゆは作られているのだそうだ。

ちょっと平たいそばも細めのうどんも特注。肉と絡みやすいようにと、製麺所に注文して作ってもらった。「イメージは給食のソフト麺。みんな知っていて、たまに食べたくなる、あの味。製麺所もそんな注文を受けたことがないから、最初は戸惑っていましたよ」と湯浅さんは笑う。

湯浅さんは「南天の肉そばをこの町のソウルフードにしたいと思ってやってきた」と言う。それは、子どもからお年寄りまで食べに来てくれる味。玉葱入りの甘めのだしと豚肉の組み合わせはどこか、肉じゃがのような「お母さんの味」に通じる。

取引している業者はどこも、創業当初からのつきあいだ。使っている肉は近くの肉屋さんで肩肉、ばら肉、コマなどをバランス良くミックスしてもらっている。「大手はいろんな店を比較して、見積もり取って競争させるでしょ。あれ、自分の店ではやりたくないと思った。うちはみんな、長いつきあいだから親身になってくれる。食べにも来てくれるし、いろんな提案もしてくれる」。

営業時間は長い。朝の五時三〇分から深夜一時三〇分まで。目の前を走る西武池袋線の始発と終電時間に合わせているからだ。最近、終電が三〇分ほど早くなったので、繰り上げるかも知れない、と湯浅さん。長時間営業でも五、六人のスタッフでシフトを組み、一日八時間、週休二日を維持できている。

そして朝五時三〇分から一〇時までは卵（生卵か温泉卵かを選べる）が無料でつく。盛りの良さや、こうしたサービスはあっという間に他店で真似されるね、と湯浅さんはちょっと悔しそうだ。

立ち食いそばは、こちらが過度な期待はしていない分、店のちょっとしたサービスや店員とのやりとりが余計に嬉しいもの。毎日通ってくれるような、コアな常連さんが多いというのもよく分かる。常連は近所の人や勤め先が椎名町という人ばかりではない。「通勤途中にわざわざ下車して食べに来てくれる常連さんも多いよ。池袋からひと駅だからタクシーを飛ばして来てくれる人もいる。女性のひとり客も多い。子ども連れのお母さんも来るし」。ここでしか食べられない味だから老若男女問わず、食べに来てくれるのだろう。分かる。

南天では、店先の掃除を日課としているそうだが、ここは椎名町駅の敷地で、駅員さんはもちろん顔なじみだ。大晦日には南天で年越しそばを食べようと、多い時には四〇人ものお客さんが、ここでそばを啜るという。鍋を持って買いに来る人もいる。南天の肉そばはすっかり、椎名町のソウルフードになったのだ。

しかし、湯浅さんは、このところの原材料の高騰は悩みの種だと顔を曇らせる。取材時、肉そばは四五〇円。すでに原価は五割を超えてしまいそうだ。「飲食業を志す若者が夢を見られない時代になった。悲しいね」。

一杯の立ち食いそばにも、これだけ店主の想いと工夫があるのだ。たかが立ち食いそば、されど立ち食いそば、である。

そして、いつも流れているレゲエについて。「あれは有線放送。童謡とか演歌とか、いろいろ流してみて、一番リラックスした気分になれるっていうことでレゲエに落ち着いた。テンポが早い曲は楽しいし仕事も進むけど、疲れちゃうから」。店主が熱心なレゲエファンかなと思っていたので、これはちょっと意外な答えだった。

町とは、町の空気とは、本来はこうして、そこに携わる人々がみんなで作りあげているものなのだとあらためて感じた。南天は店こそ小さいが、人と、そして町とゆるやかに繋がっている。ここに住む人たちは改札を出て、いつでも明かりが灯っている南天が視界に入った時、きっとほっとするのではないだろうか。そんな店が自分の町にもあるだろうかと、ふと考えてしまった。

コンビニエンス・ストア考

もう数年前のことになるが、近所のコンビニに、こんな貼り紙がありギョッとしたことがある。

「鎌を持ったお客様のご入店はお断りします」

え!? 鎌? 鎌を持った人がここに? 誰? 何でコンビニに? 怖い!!

思わず、脳裏にムンクの「叫び」が浮かんでしまったが、冷静に考えてみると、この店の近くには区民農園がある。野菜や雑草を刈り取るため（区民農園の小さなスペースで、鎌を使うような作業が必要なのかどうかはよく分からないが）、鎌を持った人がここを訪れるのかも知れない……と一応、納得することにした。

しばらくするとその貼り紙は外されたが、その時以来、コンビニに対する見方が少し変わった。それまで私にとってコンビニというのは、店の規模に差はあれど、商品も配置もあまり変わらない、均一的で無機質なイメージだった。しかし、この貼り紙ひとつで、コンビニはどこか謎めいた存在に変わったのであった（そして結果的にこの店によく行くようになった……）。

現在、全国にあるコンビニの数は約五万五〇〇〇店。日本のコンビニの先駆けであるセブン‐イレブンは一九七三年創業。二〇二三年には創業五〇周年を迎えた。コンビニジャーナリストであり、『コンビニ　おいしい進化史』（平凡社新書）などの著作もある、吉岡秀子さんいわく、コンビニはほとんどフランチャイズなので、それぞれの店は経営者が違い、酒店やたばこ店など、以前の経営者がそのままオーナーとして経営している店が多い。だから外観こそ似ているが、一歩店に入れば、店ごとに個性があるのだという。「もともとコンビニというのは、スーパーの台頭で小売店が衰退していく中、イトーヨーカドーの社員だった数人が、新しい小売店のスタイルとしてアメリカから導入したものでした。七〇年代当時は生活が忙しくなる中で、夕方には閉店するスーパーに対し、二四時間営業という形態がウケたんです。スタイルは外国から持ってきたものですが、今では日本独自の進化を遂げています」。

なるほど。私は今でこそコンビニをあまり利用しないが、かつては「コンビニがないと生きていけない」という時期もあった。よく覚えているのは九〇年代、香港へ行く前、私は目の前がスーパーという部屋に住んでいたのだが、スーパーの閉店時間は夜の七時だった。当時は夜型の生活をしており、作業に集中していると閉店を過ぎてしまうこともしばしばで、よく自転車に乗って、もっと遅くまでやっている遠くのスーパーや、コンビニへ行っていた。

その頃も、スーパーよりも若干価格の高いコンビニで買うのは、アイスや袋菓子くらいだったと思う。それでも毎日のように行ったのは、コンビニへ行くことが、その日一日を終えるためのちょっとした儀式のようになっていたからだ。真夜中に仕事が終わり、真っ暗な道を自転車に乗って走っていて、何時であっても消えないコンビニの明かりを見ると、誘蛾灯に引き寄せられる蛾のように、ふらふらとコンビニに引き寄せられ、雑誌などを立ち読みしてしまうのだった。

だから、「コンビニがないと生きていけない」という感覚は、自分にとっては青春だったなあと、つい甘酸っぱいものがこみ上げてしまう。

今はコンビニがなくても生きていけるが、それでも、コンビニへ行くことがちょっとした楽しみになったのは、二〇〇九年に発売されたローソン「プレミアムロールケーキ」の登場だったと思う。それまでもコンビニでスイーツを買うことはあったが、プリンかアイスに限られていた。ほかにおいしいと思えるものがなかったからだ。だが「プレミアムロールケーキ」はおいしかった。そして、これがコンビニで買えるのかという驚きもあった。

今は季節商品や限定商品が多く、発売されてもあっという間に販売を終了してしまうから、マメにチェックしないといけない。スイーツだけではない。人々が新型コロナでなかなか外食にも、海外旅行にも行けない状況下以降「セブン‐イレブン」が発売した、専門店とのコラボカレーや台湾料理など、凝ったメニューがいろいろと登場するようになった。

近頃はテレビを見ない人が多いので、世間話でテレビの話はあまりしなくなったが、コンビニスイーツや新商品の話はたいていの人が知っていたり、興味を持っていたりする。これぞ現代の世間話のネタ、という感じもあって、なかなか楽しい。

吉岡さんによると、コンビニの食べ物の質が一段と上がったのは、二〇一一年三月一一日の東日本大震災、そして新型コロナがきっかけだと言う。3・11直後、被災地でいち早く、食料が補充されたのがコンビニだった。コンビニは全国に製造工場を持ち、二四時間営業という性質上、製造工場もまた二四時間稼働しているため、迅速に対応できたのだ。身近にあり、いつでも開いていて便利なだけと思っていたコンビニが、いつの間にか社会インフラの一部になっていたことに気づいた最初の出来事が3・11だったといえるだろう。

実は、「セブン‐イレブン」「ローソン」「ファミリーマート」などの主要コンビニは、二〇〇五年にはすでに、各自治体と災害時帰宅困難者支援協定を結んでいる。災害時の混乱軽減を目指し、大規模地震等の発生時には鉄道やバスなど、帰宅困難者が行き場を失った場合、水道水やトイレ、道路情報を提供するという取り決めだ。この協定は一九九五年の阪神・淡路大震災の教訓を活かしたものだったという。また二〇一一年には日本フランチャイズチェーン協会は「社会インフラとしてのコンビニエンスストア宣言」を出している。

こんな風に、声高に宣伝されたりはしていないが、災害が教訓として、社会に変化を与えているのを知ると、なんだかハッとする。災害は起こらない方がいいが、自然災害は人間にはどうすることもできないところがある。教訓として活かしていくのは、せめてもの抵抗というか、なにかちょっと、胸のつかえがとれる気がする。そして、そのことを知ると見慣れたコンビニエンス・ストアもまた、違った風に見えてくるのだ。

コンビニはずっと、人の不便を便利にすること、人が困っていることを解決することがビジネスチャンスというスタンスで運営されてきた。その結果、社会のインフラとしても大きな役割を担うこととなったのだ、と吉岡さんは言う。「3・11以後、コンビニの食べ物は食卓に上るようなメニューが増え、ひとりで食べても侘しくないものになりました。コロナでの非常事態宣言以後は、家から近いコンビニを利用する家族層が増えたため、ファミリーサイズの食事パン（バターロールやクロワッサン）など、家族向けの商品も増え、売れています。高齢者は遠くて広いスーパーよりも近くのコンビニの方が使い勝手が良く、今ではコンビニはミニスーパーのような存在になりました」。

最近の傾向としては、コロナの影響で家飲みが増えたことから、ワインなどアルコールの売り上げが良く、棚も広がっているそうだ。人々の微妙な変化も敏感に感じ取って、商品に反映させるのがコンビニという業種なのである。「あれ？　ストローをもらえない、あ、SDGsか、という感じで、コンビニの変化からは社会の変化の兆しが見える。コンビニが変わったら、社会に変化が起こっていると考えていいでしょう。コンビニの考え方のひとつとして、利用者の〝食〟の不便を解決する〝ミールソリューション〟があります。最近、コンビニが変わりましたよね、とよく言われるのですが、それは利用者が望む方向へ進んだ結果。変化したのはコンビニではなく、私たちなんですよ」。

コンビニでは一週間に約一〇〇品目が替わるという。「業界の人たちが、自分たちは止まると死んでしまうマグロのようなもの、と冗談を言うくらい、常に変わり続けている。彼らは、変化をビジネスチャンスだと捉えていて、変化があればニーズが変わる。ニーズにあった商品を出せば売れる、と、その繰り返しなんです。五〇年間ずっと、社会の変化に対応し続けているのはすごいと思いますね」。

そして吉岡さんによるとコンビニの主要三社である「セブン‐イレブン」「ローソン」「ファミリーマート」はもう、コンビニとひとくくりにできないくらい、方向性に違いが出ているのだそうだ。「セブン‐イレブンの特徴はやはり〝食〟。セブンプレミアムというプライベートブランドができて、道は決まったと言っていいと思います。同系列のスーパー、百貨店との共同開発で、〝金のビーフシチュー〟など、価格は高いけれど、おいしく付加価値の高い商品で、食卓応援、生活応援の位置を確立しました。ローソンの特徴は、デザートも強いですが、ナチュラルローソンや糖質制限に対応したブランパンなど、〝健康〟だと思うんです。薬を置いているコンビニはローソンが一番多いんですよ。今のファミリーマートが、以前のコンビニのスタイルに一番近いかも。ボリューミーなお弁当やスイーツも健在ですし、何かに特化せず、よろずや的な品揃え。エンタメ性もあり、電動キックボードのシェアリングも始めるなど新しいビジネスの創造に積極的です。ロゴの色あいを模したラインソックスなど衣料品も好調ですし。もしかしたら、若い層の支持が特に厚いのはファミマかも知れませんね」。

ローソンが二〇〇一年にナチュラルローソンを始めた時も、二〇一二年発売のブランパンも、最初はまったく不評だったのだそうだ。しかし、それでも止めずに続けたのは偉いと思いますよ、と吉岡さん。商品の移り変わりが激しいコンビニでは、売れないものはさっさと止めてしまいそうだが、ブランパンが残ったのは糖尿病など、食事制限のある消費者（コンビニ業界では生活者と言うそうだ）からの「止めないでほしい」、という切実な声が強かったからだという。温情というわけではないだろうが、数字だけを見ているわけでもないのだ。

次から次へと出てくる、タイムリーな新商品や限定商品も、本部のマーケティングだけでなく、各店舗のオーナーや従業員たちの声からも生まれてくる。「従業員の人たちの観察力、洞察力はすごいですよ。お客さんを一目見たら、あ、この人はひとり暮らしだな、とか、この人、高齢者の家族がいるな、というのが分かるとおっしゃる。それで、この人のために置いてあげようと仕入れた品が本当に売れたりする。そこには商売に対する素直な熱意があるんです」。

この話を聞いて、私は大童澄瞳『映像研には手を出すな！』を思い出した。この漫画では主人公のひとり、金森さやかが子ども時代、親戚の商店で工夫して物を売るというエピソードがあるのだ。「コンビニのオーナーもさまざま。生活が苦しくて脱サラして始めたオーナーもいるし、本当に商売が好きな人や、地域にコンビニがないとみんな困るから、という使命感を持ってやっている人もいる。コンビニ経営はお金が貯まらないとよく言われるけど、商売がうまくて、大きな利益を出しているオーナーの方もたくさんいますから、本当に人それぞれです」。

いろいろなコンビニを取材する中でも吉岡さんが感動したのは、高齢者がからあげをひとつだけ買うのを見た時だという。「お年寄りは自分で揚げものをしないし、たくさんは要らない。ひとつ三八円くらいのからあげがいつもケースにあるということは、その地域は高齢者のお客さんが多く、店はそのことに配慮しているということ。コンビニって実は、小さな店のおじさん、おばさんの集まりで、とても人間くさい商売。だから私もずっと興味を持っていられるんだと思います」。

こんな風に、いつもお客さんを気にかけ、観察しているオーナーや従業員と本部の社員がまめに交流することで、新商品の需要が浮かび上がってくるのだという。スーパーマーケットの登場で苦戦を強いられた個人商店が、コンビニという形態に変わることで生き抜き、今では逆にスーパーが苦戦している。そして、個人商店のミクロな観察眼やアイデアが、新商品や新サービスを提供し続けるコンビニのシンクタンクになっているというのは諸行無常というか皮肉というか、ちょっと不思議な現象ではある。

というわけで、コンビニにある商品はどれも「誰かが必要としていて、売れているもの。いつも行くコンビニで、自分は決して買わないけれど売られているものってありますよね。それは他の人が必要としているもの。コンビニで商品を見ていると、他者の存在を感じることができる。自分の住んでいる地域のことも分かるし、コンビニから気づくことはいろいろありますよ」。

長年、コンビニを観察し続けてきた吉岡さんは、最近、「ひとり」が生活のスタンダードになってきたのではないかと考えている。令和二年の国勢調査によると、世帯人員が一人の世帯が二一一五万一〇〇〇世帯（一般世帯の三八%）と最も多く、世帯人員が多くなるほど世帯数は少ない。なんと、いつの間にか、日本ではひとり暮らしの層が一番厚くなっていたのだ……。「家族も大皿料理をみんなで食べるのではなく、ひとりひとりが食べたいものを食べる。その傾向はコロナで加速しました。顕著なのがクリスマスケーキです。以前はコンビニでもホールのショートケーキが定番でしたが、二、三年前からショートケーキ、チーズケーキなど、いろいろなケーキを組み合わせて一ホールにまとめたものが人気。一人前のおせちも好評でした」。

一年のうち、ひとり暮らしの人が一番、孤独を感じる時期は年末年始といわれる。クリスマス、そして正月と、家族や人が集う行事が続くからだ。ホールケーキやおせちの、「みんなで食べる」という前提を解体し「ひとり分」に仕立てたのは画期的だと思うし、なんだかすごいとも思う。

いろいろなテーマで展開する期間限定のお弁当やスイーツにも感じるのだが「コンビニ飯」は味が良くなってきただけでなく、エンタメ要素が加わり、プチ祝祭といった雰囲気すら醸し出しているのも、コンビニのイメージを引き上げている（その分、値段も全体的に上がっており、コンビニ飯だから安い、ということでもなくなってきた）。

コンビニで客は、あらかじめ目的をもって来店することが多いから、長居する客はあまりいない。でも時々、夜のコンビニで、随分と迷いながら弁当やおかずを選んでいる人を見かける。何かを選ぶというのは何気ない行為だが、その時の気持ちや状態を考慮しながら決めるわけで、コンビニ飯だからと適当に選ぶのではなく、何を食べようか迷うのは、なんだか良いなと思う。

目下のところ、コンビニ業界の問題は人手不足だ。二四時間営業する必要はないのではという議論もある。「今は二四時間営業したくない店舗は開けなくてもいい、ということになりました。でも医療関係者など、夜中に働いている人もいる。そうした人たちの支えになっていることも考えないといけないと思います。自分のいる狭い世界だけで、自分目線だけで社会を考えちゃいけないよ、ということなど、コンビニから教わることは多いんです」、と吉岡さん。

人手不足対策として、スマホ決済やロボットを使おうという動きもある。「もうすぐスマホ決済は当たり前になると思います。でも一方で、お年寄りの拠りどころになっている店も地方などには多いですし、現金払いも残るでしょう。答えは一つじゃないよね、というコンビニ業界の考えは今後も反映されていくと思います」。

そして、近年の変化として社会貢献という側面が大きくなってきた。「困っている人、困っていることをサポートするという流れは、外せない要素になっている。ビジネスと社会貢献は両輪ですよという考え方で、ＳＤＧｓへの取り組みにも積極的です。たとえばフードロス対策はもちろんのこと、シングルマザーを応援しているし、こども食堂にも協賛していますし」。

コンビニはとても現実的な商業形態なのだと思う。理想からではなく、現実から問題に対処しようとする。それが理想的行動に見えたとしても、あくまでも現実から導き出されたものなのだ。なんだかとても現代的だと感じる。

コンビニは実は、私たちの社会が可視化された場所でもあった。そして、その商品や品揃えには、利用客ひとりひとりの生活様式や要望が如実に反映されていた。千里の道も一歩から、ではないが、コンビニの品揃えもまずひとりの利用者から、である。そう思うと「ひとり」の力も案外、バカにできないのかも知れない、そんな風に感じた。

iii

森茉莉『私の美の世界』

ひとりで食べる、ということを考える時、いつも、最初に思い出すのは森茉莉だ。ひとりで食べること（ひいてはひとりで暮らすこと）がいかに楽しいものかを私に教えてくれたのは、森茉莉の『私の美の世界』である。

私がこの本に出会ったのは中学生の頃で、思春期にこの本に出会ったのは幸運だったと思っている。もちろん、もっと後で出会っても決して遅くはない（本に出会う年齢に遅いということはない）けれど、初めてこの本を読んだ時、彼女の文章に何の違和感も持たず、その独特の美しい文字運びに魅了されながら読んだおかげで、すっかり私の一部となったような気がする。そして私と同じように、森茉莉が自身の一部になってしまった人が、この世にはたくさんいることを、大人になって知った。

彼女は若くして結婚し、パリに遊び、そして二度の離婚をした後はずっとひとり暮らしだった。本格的に作家として活動を始めたのは五〇代のことだ。「貧乏サヴァラン」というのは、森茉莉が自身につけた呼称である。『私の美の世界』の中には「貧乏サヴァラン」という作品が収録されている。

――マリアは貧乏な、ブリア・サヴァランである。

マリアは今日も怒っていた。マリアの怒りの原因はマリアが、自分の味覚や視覚、触覚、気分、それらのすべてにおいて鋭くて、食いしん坊の方面は、ブリア・サヴァランに匹敵すると、信じていて、それらのすべてを満足させなくては寸刻もいられないのに、それを満足させることに、筆舌につくせない努力を要するということに発している。

この後に続く、茉莉の怒りの原因は、買い物で氷（彼女にとっては生活の必需品）を買い忘れたことだった。一九世紀の政治家であり、美食家でもあったブリア・サヴァランのような舌を満足させるためには、細部にわたって必要なものがたくさんある。森鷗外の長女という出自を考えれば、そんなものは使用人が買いに行くもの（或いは注文して届けさせるもの）であったはずだ。普通の人なら怒るのではなく、零落した自身について哀しんだり、憐れんだり、或いは恨んだり、さらには無常の境地に達したりするだろう。

しかし、森茉莉は違う。彼女は怒る。いつも大切なことを忘れる自身自身を、ブリア・サヴァラン並みの味覚を、そして、ブリア・サヴァランの舌を納得させるものがどんどん失われていく世の中を。森茉莉の怒りが自身に向かうとそれは滑稽味となり、社会へ向かうと批評となる。森茉莉のエッセイが面白いのは、その二つが書かれている点ではないかと思う。

本の中で彼女は貧乏サヴァランとしての日常を事細かに書く。貧乏だから高価なものは買えない。買える範囲のものの中からサヴァランの舌を満足させられるものを選ぶ。そして選ぶだけでなく、手間をかけないと悲しいかな、サヴァランの舌を満足させることはできないのである。

――マヨネエズの罎《びん》を出し、鎌倉ハムを出し、牛酪《バタ》を出し、固茹《かたう》で卵を出し、薔薇色がかった朱色の玲瓏珠《れいろうたま》の如きトマト（les tomates vermeilles）を二つ出し（赤いこしまきの如き赤のはきらいである）、頭の半分は捨てた、胡瓜《きゅうり》の太ったしっぽを出して、ボオルに入れて部屋に入り、玉葱《たまねぎ》を薄切り（偉い主婦が速間《はやま》の音をたてて薄打ちにしたように、透徹《すきとお》るように切るためにはかなりの時間と根気を要する。〈根気〉というものが全くない手が、一心同体の貧乏サヴァランを満足させるためには涙の出るような根気を出すのである。美談にはならない努力であるが、それだから素晴らしい努力なのである）にして切ったトマトの上に散らし、胡瓜の薄切りと両方に塩、胡椒をふりかけ、ハムの鑵《かん》を開け、それらを白い皿にのせ、（白磁のような気取りのない、ただの瀬戸物である。白磁も瀬戸物なのかも知れないが、よっぽど複雑な焼きかたをしたものなのだろう。陶器と、磁器とのちがいがよくわからないが、白磁そのものは多分綺麗だろうが、ひねった人々が礼讃するのが気に入らないのである。（後略）

朝食だけでも、トマトの描写（腰巻の如き赤は嫌い）を筆頭に貧乏サヴァランの、サヴァランたるこだわりが随所に見られる。食パンは、量は少ないが味の良い特製サンドイッチパン、パンに塗るのはマーガリンではもちろんなくて、バター。量は多いが味はまあまあな菓子と、量は少ないがおいしい菓子があれば、森茉莉はもちろん後者を選ぶ。朝食を作るだけでこの苦労であるから、後は推して知るべしだ。『贅沢貧乏』では上質なセーター（スウェータア）やカーディガンが虫に食われても、穴をふさぐことが出来ず、こっそり川に流したと告白している。

もしかしたら、こんな志向は、今なら「本物」とか「正しい」と表現をする人もいるかも知れない。森茉莉の良いところは、自分のチョイスに絶対的な自信をみせながらも、決して「本物」とか「正しい」といった言葉を使わなかったところだと思う（とはいえ、選民意識がなかったわけではなく、彼女——ひいては父、森鷗外も——が好きな言葉は「上等」であった）。

こうした志向はあくまでも個人の好みであって、そこに若干の優越感を感じていたとしても、正否を当てはめられるものではないのだから。森茉莉は「正しい」なあ、とファンである私は思ったりする。

森茉莉はひとり、小さなアパートで（一時は相棒の黒猫、ジュリエットと共に）暮らし、日々の楽しみとして、動物や好きな俳優の写真を新聞から切り抜き、過去の豪奢な思い出を幾度でも反芻し、ダメな自分と社会に怒りを感じながら暮らす。

実際の暮らしぶりはきっと、どこにでもいる独居老人の暮らしと大差なかったと思うし、今で言うなら晩年の暮らしぶりはルーザーのそれなのだろうが、そんな凡庸さを感じさせるところは一片たりとも見あたらない。森茉莉は、リプトンのティー・バッグで淹れた紅茶が（うまく淹れられた場合）、「ハヴァナの薫香か、ナポレオン・ブランディの香気か、というような香いを発する。」と表現する。この表現力と想像力をもってすれば、孤独を感じたとしても、難なく乗り越えられそうだ。
そして不器用ながら、料理は好きで上手いと彼女は自負している。

——もっとも私は料理を造って、出来上ったものを自分でたべることが好きなので、夫であろうと、息子であろうと、自分はたべないで人に供し、その喜ぶのを眺めるのは、余り好きではない。非母性愛的、西欧的な個人主義の料理好きである。私の造《こしら》えた料理を讃《ほ》めたり、感心したりすれば、友だちのためにも造るが、自分も一緒にたべることが条件である。病院にお見舞いに持って行く時でも、二人前持って行くのである。

ただただ料理を造ることが、不思議に楽しい。

現在、ＫＡＤＯＫＡＷＡのウェブコミックサイトで連載中の、料理好きの女性と食べるのが好きな女性が主人公の漫画、『作りたい女と食べたい女』（ゆざきさかおみ）の中で、主人公が会社で料理が好きだと言うと、いいお嫁さんになれそう云々と反応され、心の中で「自分のために好きでやってるもんを〝全部男のため〟に回収されるのつれ〜な〜〜…」とつぶやく場面がある。料理好きイコール家庭的、というイメージはまだまだ根強い。その限りではないともっと広く認知された方が良いだろうから、「貧乏サヴァラン」は教科書に載せると良いのでは、と真面目に思ったりする。

『作りたい女と食べたい女』は、ひとりではなく、共に食べたい女ふたりの物語だが、「自分の人生は他人のためにではなく、自分のために、そして自分で決めたい」女たちの物語でもある。森茉莉はその点に関しても、あの潔さ、滑稽さ、そして無双の美しい文章で、もう随分前に飛び越えてしまっている。

同じ風景を見るのであっても、見方ひとつで、その風景はまったく違ったものに見える。ひとりで食べることを寂しいと思うか、楽しいと思うかは、自分次第なのである。そして、その分かれ目は、森茉莉が貧乏サヴァラン（自分）の奴僕となり、涙ぐましい努力を続けたように、自分自身の要求に応えているかどうか、ではなかろうか。

美食家である必要はない。ただ、自分が食べたいものを、自分にちゃんと供することができているか。イエスであれば、ひとりで食べることはいつだって〝不思議に楽しい〟と思う。

ウー・ウェン
『ウー・ウェンの100gで作る北京小麦粉料理』

料理研究家、ウー・ウェンの著作のひとつに『ウー・ウェンの北京小麦粉料理』という本がある。初版は二〇〇一年で、北京生まれの彼女が、餃子や包子（まんじゅう）から、花巻、ジャージャー麵のような麵類まで、小麦粉を使う料理を紹介した力作である。

どこが力作かというと、まず、その写真点数の多さが尋常ではない。料理の工程写真をもう、これでもかというくらい載せていて、最初に読んだ時は「これはちょっと……やりすぎでは」と、ビビってしまったくらいだ。

写真を大きくしたら膨大なページ数になってしまうため、一枚一枚は小さいが、たとえば餃子なら、生地をつくる工程で使われている写真の点数は一〇カット、餡で五カット。皮づくりではなんと二二カット！

編集側からすれば、馴染みのない料理を作れるように説明するためには、細かな工程写真が一番分かりやすいと判断したのだろう。当時はまだYouTubeも無かった。今なら、ちょっと複雑な製造工程が知りたい時は、YouTubeなどの動画を探して見ればいい。百聞は一見にしかず。百読もまた一見にしかず。料理の工程に関してはYouTubeなどの動画は本当に役に立つ。

たとえば花巻という、ねじって作る蒸し饅頭がある。ねじった部分が歯ごたえとなるので、食感が楽しい素饅頭である。これを作る時は、生地を伸ばし、細長く巻いてから四角に切り分け、一つの生地をさらに、二等分して生地の角度を変え、もう一度生地を合わせ……とあまりにも複雑なので、文章だけで説明するのはほぼ不可能ではないだろうか（ちなみに本書では五九枚の写真が使われている）。

『ウー・ウェンの北京小麦粉料理』では基本の小麦粉の量を二〇〇グラムとしている。それだと餃子なら四〇個も出来てしまう。ひとりで食べるにはちょっと多いなと思っていたが、二〇二一年、満を持して（?）『ウー・ウェンの１００gで作る北京小麦粉料理』が出版されたのである。

紹介されている料理は前作とほぼ同じ。ではあの工程写真は……といえば、かなり少なくなっていて、なぜかちょっと、ほっとした（判型も少し小さくなった）。

とはいえ、餃子の皮づくりで九カットだから、それほど変わっていないかも。しかし前作は工程写真が、繋げたら動画になりそうなくらい、同じ構図で撮ったものだったのに対し、今回は一枚一枚、違う角度から撮影されており、また写真もぐっと大きくなって、断然見やすくなった。

今回は新たに餃子の皮や包子の皮の、原寸大の写真が載っているところに、また別の過剰さを感じてしまうが、これは初心者でもうまくできるようにという、親心というか編集者心というか、親切心からくる過剰さなので、ありがたいことなのだろう。

この本の中で、私が重宝しているのが「春餅《チュンビン》」だ。

――春餅（チュンビン）は、今は1年中、食べられている人気メニューではありますが、もともとは立春を祝って食べる行事食。春の始まりの日に健康を祈って、野菜の芽であるもやしをはじめとした初物の野菜を、小麦粉を薄く焼いた皮で包んでいただくのです。

北京ダックの皮は荷叶餅《ホーイエビン》というそうだが、名前は違えども、春餅と荷叶餅は同じもの。私は北京ダックが大好きだが、専用の炉を使う北京ダックはもちろん家では作れない。しかし、あの皮の旨さが家で再現できたら……。同じことを東海林さだおが私よりもずっと前に考えていて、『ショージ君の「料理大好き!」』という本で、鶏皮を使い、贋《にせ》北京ダックを作る話をレシピつきで書いている。

東海林先生は最初、真面目に鶏一羽を使うが、皮しか使わないのだから、鶏皮を買って作れば良いのでは？　と次に鶏皮でもやってみる。発想の転換というか、これは一種の発明と呼んでもいいと思う。贅沢感は地に落ちるが、小麦粉で荷叶餅を作るのには手間がかかるし、それなりのご馳走感は残る。

『ショージ君の「料理大好き!」』にも春餅の作り方がざっくり書いてあるのだが、分量が強力粉カップ五などとやたらに多く、ウー・ウェンさんの一〇〇グラムレシピの方が作りやすい。

荷叶餅を作ったら東海林先生のひそみに倣い、合菜戴帽もどきも作りたいと思う。新宿御苑近くにある北京料理店、随園別館の名物料理で、薄く焼いた卵焼きをのせた野菜炒めを、皮に包んで食べる。二〇代の頃によく食べた思い出の味である。オイスターソースを使い、もやしとキャベツ、人参などを入れた野菜炒めを作れば、なんとなく似たような味になる。

料理の本の分量というのは基本、四人前で書かれていることが多い。これは「家族＝四人」という前提で、そうなっているのかなと思う。量が多すぎる場合は、分量を半分に減らして作ればいいし、多めに作った方がおいしく出来る料理も多いので、今までは特に不便は感じてこなかった。しかし、『ウー・ウェンの100gで作る北京小麦粉料理』が出たのは、家族の人数の前提が少し変わってきたという背景があるのだろうとも思う。そして、より分かりやすく、使いやすくなった『ウー・ウェンの100gで作る北京小麦粉料理』は、ひとり分を作るにも都合が良く、お気に入りの一冊となっている。

あｆろ『ゆるキャン△』

原付バイクを買った。

五七歳にして初バイク。少し前までは、バイクを買おうなどとはこれっぽっちも考えたことはなかったのに。

車の免許は一念発起して四一歳の時に取得した。四一歳というのはバカボンのパパの年齢（アニメ「元祖天才バカボン」の歌の中にパパの年齢が出てくるので知っているのだ）なので、免許を取った時はなかなか感慨深かった。当時は嬉しくて、すぐに中古車を手に入れ、数年乗ったが、事故に遭ったことなどもあり、手離して久しく、今ではすっかりペーパードライバーである。

なのに、なぜ今さら原付を買ったのか。

『ゆるキャン△』を読んだからである。

『ゆるキャン△』（あfろ）は山梨県に住む、キャンプ好きの女子高校生の日常を描いた漫画だ。この本は、本書の担当編集者、岸本さんと打ち合わせで雑談していた時に教えてもらった。

岸本さんは「女子高生がひとりでキャンプする漫画で……いや、これはフィクションで、現実には、女子高生がひとりでキャンプをするのはいろいろと問題があると思うのですが……」と、なぜか言い訳をするかのような口調で教えてくれたのだった。

絵柄は、萌え系というのだろうか。私は普段、この手のタイプの漫画をまったく読まない。勧められなければきっと一生、読むことはなかったろう。しかし、読み始めたらすっかりはまってしまった。面白い。

主要な登場人物は五人いて、そのうちのひとり、志摩リンはひとりでキャンプをする「ソロキャン」が好きで、原付に乗ってあちこちひとりでキャンプしている。無口で、少し人見知りで、本を読むのが好きという彼女がいい。みんなとキャンプした帰り道、ひとりでバイクを走らせるリンの独白が私のお気に入りだ。

――一人で走るからなのか　それとも夜の景色がそう思わせるのか　少し寂しい
でもほどよい疲れと　家に近づく安心感　この感じすごく好きだな

キャンプというとグループで行き、ＢＢＱなどをやる、というイメージがあったが、今は、誰にも気兼ねせず、静かな場所へ行き、ひとりでまったりするというソロキャンがブームらしい。

リンとその友だち以外の四人は学校の「野外活動サークル」の部員で基本、グループキャンプをしているが、彼女たちと交流することで、リンも時にはグループキャンプに参加するようになり、ほかの子たちはソロキャンに挑戦し始めるように、また、キャンプに興味がなかった子がキャンプを始めるようになる、といった具合に、自然にお互いが少しずつ影響しあい、ゆっくり、それぞれの世界が広がっていく。どこかユートピア的でもある。

また、リンのセリフで、野外での食事は「外ごはん効果で3倍美味い」というのがあり、私は激しく興味をそそられた。3倍美味いって何だろう？　なぜ外で食べると3倍美味いんだろう？

彼女が作るのは、コッヘルで作るスープパスタといった、容易に味が想像できる、簡単なものが多い。その中で、これは真似してみたいなと思ったのが、ホットサンドイッチメーカーで焼いた豚まんだった。ホットサンドメーカーにバターを塗り、豚まんを挟んで焼いて、餃子のタレをちょっとつけて食べる。リンは山の上のキャンプ場でひとり、眼下に広がる町の明かりを眺めながら、旅の途中で貰ったほうじ茶を淹れ、焼いた豚まんを食べる。なんだか「外ごはん3倍美味い」の法則が少し、分かるような気がして早速、コンビニで肉まんを買い、真似してみた。

私は、キャンプはしないがホットサンドメーカーは持っている。なかなか便利なもので、食パンの味がいまひとつの時や古くなっている時もホットサンドにすればおいしく食べられる。普通のトーストよりも少しこってりした風味に仕上がるのがいい。ホットサンドメーカーの両面にバターを塗り、肉まんの表面がきつね色になるまで、中火でゆっくり焼く。ほんの数分で出来上がりだ。

漫画を読んだ時、餃子のタレをつける、というのが少し不思議だった。バターの風味も加わるし、そのままで十分おいしいのではと思った。家に餃子のタレはなかったので、醬油と酢を混ぜたものを作った。

プレスして焼かれた肉まんは平たくて、外はパリパリ。ほのかにバターの香りがする。口に入れてみて初めて、餃子のタレの理由が分かった。肉まんをギュッと潰し、焼くことで、巨大餃子のような味わいに変わっていたのだ。

なるほど！　思えば、肉まんと餃子の一番の違いは皮にある。具の方は多少の違いはあれ、豚ひき肉が主だ。皮はどちらも小麦粉だが、肉まんの皮はふかふかしていて分厚く、餃子は紙のように薄い。

ホットサンドメーカーで挟んでも、肉まんの皮が餃子の皮のように薄くなるわけではないが、焼くことで、焼き餃子の風味とかなり近くなるのだ。小さな肉まんを焼いた中国の「生煎包」にもちょっと似ている。

これ、バターではなく胡麻油を塗って焼いたら、もっと餃子に近くなるのでは？と思ったが、キャンプ料理なので、バターの方が持ち運びしやすいのだろうか。バターを使うからクロワッサン的な、洋風な味わいになるのかな？　という予想に反して、ジャンボ餃子風になったのは驚きだった。

この豚まんに限らず、『ゆるキャン△』の中で、カレー味のカップ麺や、スープ代わりの鱈鍋といった、ごく平凡な料理がなぜか、とてもおいしそうに見える。それは、冬の野外で食べている描写が多いからではないかと思い当たった。

リンは冬にしかキャンプをしない派で、その理由を、「虫がいない」「汗かかない」「他のキャンパーが少なくて静か」「焚き火と温泉が気持ちいい」「景色が遠くまでキレイに見える」「汁物がうまい…って所かな」と作中で語っている。

キャンプをやらなくても冬の、遠くまで見渡せる澄んだ空気の美しさ、冷たさは知っている。物語の中で少女たちは服を着込み、分厚いマフラーを巻き、帽子を被る。白い息を吐きながら、食べたり、飲んだりする姿を見ていると、外気の冷たさが容易に想像でき、とてもおいしそうに感じられる。もしや、これが「3倍美味いの法則」だろうか？

バイクの方は、ペーパードライバーからの路上復帰なのでまだ、近所をぐるぐると走っているだけだが、いつか、もっと遠くまで行けるようになりたいと思っている。そして、その頃には「外ごはん3倍美味いの法則」が私にも分かっているといいな、と思う。

杉浦日向子とソ連『もっとソバ屋で憩う』

ソバが好きな杉浦日向子と、その仲間で書かれたガイドブック『もっとソバ屋で憩う』は都内を中心に全国一二三軒の店が紹介されている。定本である最初の単行本の初版は平成九（一九九七）年なので出版されてもう三〇年近い。室町砂場、神田まつやといった老舗や有名店だけでなく、デパートの中のソバ屋にもページを割いている。ウィキペディアを見ると、その情報を信じるならば、杉浦日向子が三〇代で漫画家をやめて隠居宣言をしたのは、難病を得て体力のいる漫画を描くのが難しくなったためとある。当時は何も知らなかったので、三〇代で隠居というニュースだけを聞き、あまりに早すぎるのではないかと、ちょっと面食らったものだった。杉浦日向子は江戸人に憧れた人だから、詳しいことを語るのは野暮なことだと思ったのだろうか。『もっとソバ屋で憩う』ではまえがきに、この本はグルメ本ではなく、憩える居場所について書いた本だと杉浦は書いている。だからソバで憩う、ではなくソバ屋で憩う、なのだと。

――最近、ほっと安らいだのは、いつ、どこでですか。会社と家庭以外で、自分の時間を実感したのは、いつ、どこでですか。頑張らない、背伸びをしない、等身大の自分に還《かえ》れたのは、いつ、どこでですか。そんな居場所を、日常のなかに持っていますか。（中略）この本は、ソバを批評するものではありません。ソバ屋という、身近なオアシスを楽しむ本なのです。

その通りに、ソバ好き連（ソ連）メンバーがそれぞれ、力みのない文章で好きな店、行った店について書いている。店の雰囲気も細かく書いているが、店の人とのやりとりなどが無いのは、あくまでも一般の客としての目線、ということで取材はしていないからだろう。味だけではなく、人でもない。ガイドブックとして読める本だが、やはりこの「居場所」としての、という点が気になる。杉浦はこうも書く。

――東京のソバ屋のいいところは、昼さがり、女ひとりふらりと入って、席に着くや開口一番、「お酒冷やで一本」といっても、「ハーイ」と、しごく当たり前に、つきだしと徳利が気持ち良く目前にあらわれることだ。

昼酒。なんでもないようで、これがなかなかむずかしい。ソバ屋以外の、いわゆるレストランの多くは、まず女ひとり客と見れば、ペラのランチタイム・メニューが出されるだけで、ドリンク・メニューや一品料理は、たとえあっても出さない。（中略）けれど、ソバ屋は万人に平等だ。

杉浦はずっと「居場所」を探していたのだろう。皆に平等で、ひとりでも居心地良く、素の自分でいられる場所。そして見つけたのがソバ屋だった。当時、彼女は公衆浴場好きでも知られていたが、風呂屋もまた（男女別という区別はあるが）、そこに集う人、誰もが平等に、また素になれる場所である。

そして、もうひとつ、ソバ屋の良いところは休憩時間をとらない点だと私は思っている。今は休憩のないファストフードやチェーンのレストランも多いけれど、午後の半端な時間でもやっているソバ屋は助かる存在なのだ。

『もっとソバ屋で憩う』はごく軽い読み物にもかかわらず、そこここに「人生と時間と場所」という、もうひとつのテーマが見え隠れするように思えるのは、やはりウィキペディアを読んでしまったせいだろうか。

M・F・K・フィッシャー『食の美学』

ひとりで外食するのが苦手、という人が、その理由のひとつに「ひとりだと食べている間、手持ち無沙汰で何をしていればいいか分からないから」と言っていた。食べている時は食べることに集中すれば良いと思うけれど、食事が他人とのコミュニケーションと深く繋がっている人は、ひとりだと食べた心地がしないのかも知れない。

この人に私はM・F・K・フィッシャーの『食の美学』（本間千枝子・種田幸子訳）を一読することをおすすめしたくなったが、残念ながらこの本は絶版となっており、今はなかなか読むことができない。名作なのに。残念である。

M・F・K・フィッシャー（一九〇八―一九九二）はアメリカの高名なフード・ライターで、数多くの著作があるのだが、日本では残念ながら数編しか翻訳されていない。『食の美学』も原書『THE ART OF EATING』からの抜粋訳である。収録されている十六章それぞれ、食にまつわる思い出を綴っているが、どれも出てくる人々がとても印象的で、翻訳の妙もあり、その文体はうっとりするほど格調高い。この中の一篇、「独りの食卓」はずばり、ひとりで食べるとは何かについて書かれている。ローマの将軍ルクルス（ルキウス・リキニウス・ルクルス。美食家で有名）の逸話で、ある日、将軍ひとりだけの夕餉に、やや手抜きの料理が出される。すると将軍は執事に、ひとりの食事こそ注意を払わねばならない。なぜならその時は自分が自分と共に食事をするのだから、と注意する、という話である。

ひとりで食事をするとは、自分自身と向き合うこと――。フィッシャーはそれを時に必要なこと、としつつも、恐ろしい事実、とも書いている。実は彼女もまた、ひとりの食事は苦手だった人なのかなと思う。いろいろな人のひとりの食事について、さまざまな例を挙げているが、まるで、ひとりで食べることの意義を、自分自身に説いているかのような感じもする。

フィッシャーいわく、人は、自分自身を相手に食べるという恐ろしい事実を忘れようと、ラジオを聞いたり、新聞を読みながら食べたり、騒々しいレストランへ逃げ込んでしまうのだという。自分自身と食べる、とは、別の角度から考えれば、そこに自分以外の人はいない、ということでもある。それはフィッシャーの言葉を借りれば「恐ろしい事実」なのだろう。そう思うと、将軍ルクルスの言葉は確かになかなか含蓄深い。

「独りの食卓」に出てくるビディという一六歳の少女の話も印象深い。ビディは誕生日、小遣いを持って、ひとりで町の繁華街にあるレストランへ行き、四時間かけてゆっくり食事をしたと、フィッシャーに教えてくれる。

――「ケーキのカウンターのそばに坐って、鏡に写るお客様の様子を眺めていたの。皆とても変わっているのよ。とても感じがいいの。だって十一時といえば町中の人たちが走り回っている時間でしょう? とくにあの界隈では。あらゆる国の言葉が飛び交う中で、コーヒーのガラスのコップの中へ、タルトをちょっとひたしてかじるの。そうよ。コーヒーがガラスのコップに入っていたのよ。素敵だったわ!」

ビディの顔は生き生きと輝いていた。黒っぽい瞳の中には、今まで見たこともない静かな悟りが宿っていた。(中略)ビディはビディと朝食を共にしたのだ。そしてその後も何度も感じるに違いないことを、はじめて鏡の中にはっきりと見てとったのだった。

自分自身と食べる、というのは、自分の自意識と食べると言い替えても良いのかも知れない。そして、自意識とほどよい関係を作るというのは、なかなか難しい（私など、全然だめだ）。

近頃は、自己肯定感をいかに上げるかという話題を、若い人のSNSなどでよく見かける。そのためにはまず、自分が自分の味方になることが大切だそうで、常に自分で自分を褒めあげ、何かを達成したら、ご褒美にちょっとしたプレゼントを自分に買ってあげたりする。そうしないとすぐに自己嫌悪が勝ってしまうからだという。そうした行為を他者に求めても無駄だと、若い世代は悟っている。他者に期待して、失望すれば、更に自己肯定感が下がりかねない。そんな危険はおかしたくない。

自分を褒めたり、ご褒美をあげたりするのもいいが、時には自分と一緒に、ゆっくり食事をするのも良いのではないだろうか。そうしたからといって、自己肯定感が高まるわけでも、劣等感が無くなるわけでもないと思う。けれど、「独りの食卓」を読むと時に人は、自分自身と食事する必要があるように思えてくるのだ。

久住昌之 谷口ジロー『孤独のグルメ』

テレビドラマ「孤独のグルメ」は誰もが知る、大ヒットしたグルメドラマである。毎回、主人公、井之頭五郎が仕事で訪れた町で、ここはと思う店に入り、食事をする。ただ、それだけの話なのだが毎回、おいしそうな料理が登場するし、松重豊演じる五郎の食べっぷりの良さもあって、とても人気がある。

しかし、ドラマの元になった漫画『孤独のグルメ』はドラマとは少し趣が異なる。過去の恋人とのやりとりなど、なぜ彼が独り者なのかを説明するようなエピソードも挿入され、ドラマ版よりもリアリティが感じられる。食べる場面でも彼はいつも少し憂鬱な面持ちで、おいしい食事に巡りあっても、笑顔になることもなく、ひたすら咀嚼し、毎回、何ともいえない余韻が残る。この雰囲気は作画の谷口ジローの力によるものが大きいだろう。

二〇〇八年に出版された『孤独のグルメ【新装版】』に掲載された、谷口ジロー、川上弘美、久住昌之の鼎談によると谷口は最初、編集者に「ハードボイルドグルメです」と言われ、『事件屋稼業』の作風などを意識して仕上げたと発言している。ドラマの方がもっとユーモラスで、明るさもあり、久住昌之の原作のテイストに近いのかも知れない。ちなみに漫画の初出は一九九四年と案外古く（ドラマの開始は二〇一二年）、五郎は新幹線で煙草を吸っている。

二〇〇九年に不定期読み切り連載として復活してからは、憂鬱な表情は減り、穏やかな表情が多くなっている。ハードボイルドの時代はもう、終わったのだろう。

しかし、正直言うと私は『孤独のグルメ』を始め、古くは『美味しんぼ』の時代から、いわゆるグルメ漫画というものがまったく好きではない。映画や小説なら、タイトルに食べ物の名が入っているだけで興味をそそられるので、この偏向は自らのことながら昔から、ちょっと不思議ではあった。しかし、その理由のひとつを鼎談で久住が端的に語ってくれていた。

久住　それは俺、『孤独のグルメ』を書いて、他人のマンガも見たりして思ったんだけど、食べ物のマンガで食べているシーンって、濡れ場というか……セックスシーンなんですよね。

そうなのです。グルメ漫画はエロ漫画と同じ。ストーリーがよほど魅力的でないと、どれを読んでもみな同じ、という印象になってしまうのです。

世間がこれだけグルメブームで、テレビでも雑誌でもSNSでも食べ物が氾濫している現代においては、もうそんなことを意識する人はいないだろうか……と思ったりもするのだが、食に関することには、常に恥ずかしさがつきまとう。だいたい、食欲や性欲だけでなく、欲と名のつくものは、どれもこれも、どこか恥ずかしい。大声で言ったり、やったりするのははばかられる。慎みをもって、奥ゆかしく、こそこそと行うべきものなのでは？　一九九四年の井之頭五郎が、いつもどこか気乗りしないような表情で食事をするのは、そういうことなのだと思う。

しかし、欲と名のつくものは、むしろ大声ではっきり主張した方がいい、というのが近年の風潮ではないかと思う。小さな声、奥ゆかしい行動は誰にも掬い上げられることなく無視され、無いものとされてしまう社会に変化しつつあるからである。
また、食欲は生きていたら当然あるものなので、「食べるの、大好き！」と大声で叫ぶのは、「生きるの、大好き！」と言っているのと同じような感じで、なんとなく奇妙な気もしていたのだが、今では時々「生きるの、大好き！」と叫んで生を肯定しておかないと生きていけない……というような時代の雰囲気も感じるのではあった。
というわけで、私がドラマより漫画、特に初期の『孤独のグルメ』をより好ましく思うのは、漫画の井之頭五郎も私も「古い人間」だからだろう。

私がグルメ漫画を苦手なもうひとつの理由は、どんなに描きこんでも料理がなかなかおいしそうに見えない、というのがあるのだが、谷口ジローは『孤独のグルメ』を描くにあたり、食べ物だけでもおいしく描こうと思っていたそうだ。

谷口　あと、食べ物の絵もそうなんだけど、食べている様子みたいなのも大事で。〝おいしい！〟とか〝まずい〟って感じをうまく描かないと伝わらないのかなと。

谷口は料理の説明を、写真のキャプションのように絵の上に被せるなど、どんな料理か分かるように丁寧に描いている。彼の作画の見事さは『孤独のグルメ』でも、町や店の空気感などで発揮されている。谷口ジローが描いたことで、『歩くひと』のような谷口作品にも通じるところがあって、淡々とした雰囲気が感じられる。

では、ひとりで食べるという視点から読む『孤独のグルメ』はどうなんだろうか？

この物語は、ひとりで外食するのが苦手というビギナーに勇気を与えてくれるだろう。私が井之頭五郎に共感を覚えるのは、彼が酒を飲めない設定であることだが（これは、酒が飲めると自分自身になってしまうから、と久住は語っている）、仕事の合間、という設定でもあるので、五郎が入るのはランチ、それも定食屋など、ひとりで入りやすい店が多いので、おおいに参考になる。

また、酒が飲めない代わりに彼は米好きで、ライスのない店で焼そばと餃子を頼み、白米を切望しながら、「俺ってつくづく酒の飲めない日本人だな…」と心情を吐露する。そしてまた別の夜、静岡で、居酒屋に入る話では「しかしみんなうまかったな」「遠慮しないで入ってみるもんだな居酒屋も」というセリフがつく。この辺りも下戸的には嬉しい。

などと、いろいろ思いつつも、『孤独のグルメ』の一番の功績は、ドラマ化されて人気を博したことで「ひとりでの外食」が「孤独のグルメ」という、新たな名前で呼ばれるようになり、よりポジティブに、よりエンタメ的なイメージに変わったことだろう。

これもまた、ちょっと奇妙な気もするのだが、何かのきっかけで、ある物事に新しい言葉がつくと、その物事に対する印象が変わる。

たとえば「おひとりさま」という言葉は、上野千鶴子の書籍『おひとりさまの老後』から生まれた言葉だそうだ。最初から歓迎されていた言葉ではなかったかも知れないが、それまでは軽い憐憫の対象というイメージから逃れられなかった「(若者以外の)ひとり」を、ポジティブに捉える言葉として重宝され、一般的に使われるようになった。

言葉というのは凄い力があるのだなあ、と思うと同時に、みんながぼんやりと「こういう感じを表してくれる言葉があったらな……」と無意識に思っている時に、サエてる人がポン、と新しい言葉を発明する。そうするとみんな「あ、それそれ」という感じで使い出し、一般化するのだろうと思う。

だから、ひとりの外食をよりニュートラルに、なんなら、ちょっとした楽しみにまで定着させた「孤独のグルメ」にはやはり、ありがとう井之頭五郎、と感謝せずにはいられない。

古波蔵保好『ステーキの焼き加減』

古波蔵保好《こばくらやすよし》は沖縄の士族に生まれ、食通として、またダンディでも知られたエッセイストであった。代表作『料理沖縄物語』のような、生まれ故郷沖縄についての文章も良いが、沖縄以外の食エッセイもまた、とてもおいしそうなのだ。

彼は京都の「千花」、四谷の「丸梅」といった、一流と名高い店の話を書く一方で、旅先で出会った無名の店や料理についても、有名店と同じくらいの愛情を持って書いていて、なんとも好感が持てる。行きつけの店の主人たちも魅力的で、赤坂の名店、楼外楼のご主人に「あなたは上海蟹の食べ方が下手だから、もう差し上げません」と言われるくだりなどは微笑ましく、古き良き、という言葉がやっぱり浮かんでしまう。良き顧客、というのがいるとしたらきっと、古波蔵保好のような人なのだろう。

今、読むと時折、女性は味が分からない（古波蔵の意見ではないし、素晴らしい女性料理人の話も出てくるが）といった、ジェンダーギャップを感じるくだりが気になる。それでもこの、食の喜びを素直に綴った名エッセイを否定する気にはなれない。

M・F・K・フィッシャーも書いたように、ひとりで食べることとは自分自身と食事を共にすることだ。しかし、古波蔵保好の「ロアンヌへの旅」ではもうひとつの、ひとりでの食事についての話が出てくる。

妹を病気で亡くした年の秋、彼はフランスのロアンヌへと旅する。トロアグロという、ミシュラン三つ星の有名なオーベルジュへ、料理を楽しむだけの贅沢な旅である。旅の前、懇意にしている料理店の主人から、あなたと同じ場所に妹さんが行けるように願をかけるから、食事の前には戒名を唱えて欲しい、と言われる。

旅の同行者は妻と友人、そして友人の娘の三人。最初は四人でテーブルを囲み、期待通りの美味しさに舌鼓を打つが、ちょっとした理由でひとり、またひとりと減り、最後の晩は古波蔵ひとりがレストランへ向かう。

——とうとう夕食には、わたしひとり。四人のグループが大将ひとりだけとなってダイニング・ルームに現われたわたしを、マネージャーは、ふたたび大きく肩をすくめて迎え入れた。男ひとりだと、隅の席に案内されるのがきまりである。二人用のテーブルに一人なので、向かいあう椅子には誰もいない。

——とわたしは思ったのだが、ホントウは誰か姿の見えない人が坐っていたにちがいないと、今では想像している。

孤影をにぎやかな人たちの中において、わたしは、妹の戒名を唱えだし、メニューを持って注文をききにきた若いウエーターは、日本風のお祈りをしているにちがいないと察したのか、わたしが目をあけるまで、そばで待っていた。そして不思議なことに、その夕食で選んだ料理が、わたしにとって、「トロアグロ」における最高に満足すべき美味だったのである。

この「ロアンヌへの旅」は、彼の文章の中でも独特の余韻が残る、美しい作品となっている。ひとりの食卓の向こうには亡き妹がいる。こんな感覚もまた現代においてはなかなか感じることは難しいかも知れない。けれど時には、そんな風に感じることができたなら、ひとりで食べることはもっと豊かになるような気がする。

iv

英国ひとり旅

英国は私にとって初めての、ひとりで旅した記念すべき場所だ。いわゆる、推しの追っかけ観劇旅行。わたくし五〇歳の時である。遅い……。

それまでも仕事柄、知らない土地にひとりで行くことは、特に珍しくもなかった。しかし、仕事なら、行った先には取材相手がいる。プライベートの旅行も、友人を訪ねる旅だったり、現地で誰かを紹介してもらったりして、行きも帰りも滞在中もずっとひとり、という旅をしたことがなかった。

その界隈の事情に詳しい人はよくご存じだと思うが、「推しの観劇旅行」というのは演劇のファン、あるいは映画やドラマのファンの間ではお馴染みのものである。好きな俳優の舞台が見たくて、旅する人のなんと多いことか。

その旅の仕方は人それぞれだ。仕事の合間をぬっての弾丸旅行もあれば、数週間、あるいは数か月も旅に出てしまう人もいる。ひとりで行く人もいるし、友だちや夫婦で行く人もいる。観劇の旅は学生から社会人まで幅広く行われており、その様子はツイッターやブログ、あるいは同人誌などで詳しく報告される。

その様子を見ていると、推しに夢中にならなければ、ひとり旅など考えたこともなかったのでは、という感じの人も多い。ひとりで旅するという、ちょっとした試練を乗り越え、推しの舞台を見たり、推しにまつわる場所を巡ったりする喜びに満ちた報告は、他人事ながら読んでいて楽しい。ファンダムの世界では誰もが表現者だ。喜びも悲しみも失敗も怒りもすべて、「題材（ネタ）」として書くことができる。SNSならそれこそ、実況中継さながらに書きこめる。仲間たち、あるいはフォロワーや読者はそれらを読んで共感し、笑い、私もやってみよう、と勇気づけられるのだ。

おりしも、まったくのひとり旅というものをしてみたい……と思っていた矢先の二〇一五年九月。推しの観劇という目的で、初めてひとり旅に出ようと決めたのである。

私は、都市というのは国が違えども、どこも似たようなところがあると思っている。だから今回は劇場のあるロンドンだけではなく、コーンウォール（南西部）にも行こうと決めた。民藝運動の陶芸家、バーナード・リーチの工房（保存、公開されている）へ行ってみたかったのだ。工房があるのはセント・アイヴスという小さな町。ロンドンから南西部のペンザンスまでは寝台列車がある。私はそれに乗り、ペンザンスに滞在してセント・アイヴスへ行く、という計画を立てた。

今はエアチケットだけでなく、海外の列車もインターネットで事前に予約ができるから便利な時代だと思う。寝台車が発車するのは深夜近く。その前にロンドンで一泊するのも面倒なので、ヒースロー空港に着いた日のペンザンス行きのチケットを予約した。

実は前回の英国旅の時、台風による大幅な遅延で飛行機の変更があり、ロストバゲージしたりして、旅の始まりはなかなかハードだった。それで、あまり遅い時間にロンドンに着く便はなんとなく不安だったので、昼過ぎにヒースロー着のチケットを取った。私が買うのはいつも、変更のできない最低価格のものだ。初めての海外ひとり旅ということで、いつもよりも早めに、そして慎重に計画を立てたつもりだったが、始まりから早々に、自らトラブルを引き起こすことになってしまうとは……。

出発する空港を間違えたのだ。

私の家から成田空港と羽田空港へは、時間的にはそれほどの差はない。しかし、感覚的に、なんとなく「成田は遠い……」と思っている。この時、帰国便は成田一択だったが、行きは成田と羽田で選べたのだ。そして羽田発を選んだのをすっかり忘れていたのである。

成田空港に着き、エアラインのカウンターに行くとスタッフが誰もいない。掲示板を見ても、私が乗るはずの便名も時間の表示もない。不思議に思い、近くにいた、違うエアラインのスタッフに尋ねると、空港を間違えていることが分かったのである。

絶体絶命の大ピンチだ。今から羽田へ向かっても間に合わない。カウンターに人がいないので相談することもできない。私が声をかけた人は、あと数十分でカウンターが開くので、それまで待つのが良いと言う。羽田に何度も電話したがまったく繋がらない。待つしかない。

この数十分、本当に生きた心地がしなかった。いくつもの「もし」が脳内を駆け巡った。もし、エアチケットが無効になった場合、正規でチケットを買い直さなければならないだろう。もし、寝台列車の出発時間に間に合わなければ、そちらも買い直し。

その日のロンドンでの宿も確保しなければならないし、ペンザンスの宿泊先にも連絡を入れないといけない。いったい、どれだけの手間とお金がかかるのか……。不安と後悔が走馬灯のように、ぐるぐると頭の中を回りっぱなしだった。膝には力が入らないし、手は震えていたし、顔からは血の気が引き、真っ青だったろう。

しかし、結果的には三万円の手数料で、次の成田発にチケットを変えることができた。こんな時は、どこかの宗教に帰属していなくても、神への感謝を心の中で叫ばずにはいられません。マネージャーの男性が「時々ね、いらっしゃいますよ。空港を間違えるお客様が」と微笑みを浮かべながら、チケット変更の手続きをしてくれた。

成田発ロンドン行きの飛行機に乗り込み、夕方、無事にヒースロー空港に着いた。そのまま、寝台車が出発するパディントン駅へ向かう。

寝台車の出発時間まで、まだだいぶ時間があったが、行きのトラブルですっかり疲れていたので、どこかへ行く気にもなれず、ずっと構内の椅子に座っていた。そして駅の中にあるトイレへ行くと、入口で料金を入れる有料トイレだったのだが、着いたばかりで小銭が足りない。掌に小銭をのせて数えていると、中から出てきた若い女の子が私の掌を見て、ほらっと、足りない分の小銭をのせてくれた。ありがとうございます！　なんて親切なんだろう！　と、映画『パディントン』の主人公、ペルーから来た小熊のパディントン並みに素朴な、異国から来た東洋系のおばさんであるところの私は大変、感動した。

この時、私は自分が思っている以上に疲れていたのだと思う。夜中近く、無事に寝台車の個室に入った私は、駅で買ったソーセージロールを食べながら眠ってしまったらしい。早朝に目を醒ますと、片手にソーセージロールを握り、そしてズボンを半分おろしたままだった。


後日、この話を旅することの多い友人に話すと「でもその後は問題なかったでしょ。最初にトラブルがあると、後は大丈夫なものなのよ」と、彼女の経験から導き出されたらしい、謎のジンクスを語っていたが、確かにその後はとても順調だった。

港町、ペンザンスは坂の多い町だった。宿は町外れのB&B（家庭の部屋貸し。朝食がつく）で、部屋は小さいけれど静かで快適だった。五日間の滞在中、リーチの工房以外は特に予定を決めていなかったので、バスのフリーパスを買い、気の向くまま、あちこちを歩いて回った。私はバスが好きなので、プライベートの旅ではどこでもバスに乗りたい。

マラザイオン（Marazion）という町にあるセント・マイケルズ・マウント（St.

Michael's Mount）は、フランスの有名な修道院、モン・サン・ミシェルとそっくり（どちらも引き潮の時だけ歩いて渡れる）なことで知られる。吉田健一の作品に、この二つを魔法で取り替える「山運び」という不思議な短編があり、ここへも行くことにした。

引き潮の時間を調べ、海底に作られた石畳をぽくぽく歩いて島まで渡った。しかし、あいにく休館日（?）で島の中へ入ることができなかった。私は詰めが甘いというか、いい加減というか、プライベートでは、よくこういうことがあるので、特にがっかりもしない。友だちが一緒だったら気の毒なことをした（ひとりでよかった）、と思いつつ陸に戻ると、コーニッシュ・パスティを買って海辺に座り、セント・マイケルズ・マウントを見ながら食べた。

コーニッシュ・パスティというのはコーンウォール名物の、煮こんだ牛肉と野菜を厚い小麦粉の生地で包んで焼いた、半月型のパイである。この地方はかつて、錫や銅を採掘する鉱業が大きな産業であり、鉱夫たちが汚れた手で食べやすいよう、ねじって閉じたパイの耳の部分を厚くしているそうだ（耳は食べずに捨てていた）。コーニッシュ・パスティを買った店はPhilpsという有名店で、牛肉や玉葱のほか、ターニップ（黄色い蕪）も入っており、とてもおいしかった。

B&Bは朝食が出るので、朝は宿で、昼はこんな風に行った先々で適当に食べ、夜、お腹があまり空いていない時は、ポテトチップスと果物（この時、初めてフラットピーチを食べ、あまりのおいしさに感動して、ロンドンへ移動してからも毎日食べていた）だけですませたり、宿の小母さんが教えてくれた店でフィッシュアンドチップスを食べたりした。外で入るのは、ひとりでも入りやすいカフェや食堂ばかりだったけれど、漁業が盛んという土地柄、カニのサンドイッチやフィッシュスープなど、おいしいものがいろいろあった。

また、ある日、バスでマーゼルという町まで行き、特に行き先も決めずに歩いていたら、フットパスの矢印を見つけた。英国にはあちこちにフットパスという、私有地であっても歩くだけなら誰でも入れるハイキングコースがあるというのを本で読み、歩いてみたかったのだ。草が生い茂った藪のような細い坂道をしばらくのぼっていくと視界がひらけ、海沿いの道へ出た。道の両側には低木が生え、ブラックベリーもたわわに実っている。時々、小さな実をつまみながら歩くのは楽しかった。

目の前には紺碧の海、そして海の色よりも明るい夏の空。手前には黒い小島が浮かんでおり、その先には真っ白な雲が連なっているのが見える。どこか神話を思わせる、素晴らしい風景だった。

しかし、歩けども歩けども、細い一本道が続くばかりで、行き交う人はひとりもいない。眼下の景色は、日本のサスペンスドラマで出てきそうな、岩の多い断崖絶壁に変わっていた。ハイキングの装備もしていない人間がひとりで歩いてはいけないところだと、ようやく気づいた。

もし、ここで誰かに襲われて殺されちゃったとしても、きっと誰にも気づかれないだろう……。こんな世界の果てのような場所では携帯の電波も弱く、グーグルマップもほとんどあてにならない。後悔がつのるものの後戻りする気力もない……という時、向こうから女の子三人組がやってきた。良かった！　このチャンスを逃してはなるまいと慌てて声をかけると、あと一時間半くらい歩けばラモーナという入江に着くと言う。

「ラモーナにバス停はありましたか？」。コーンウォールで電車があるのはペンザンスまで。あとはすべてバス移動なのだ。

「あったはず。カフェもあった。素敵よ」と言われ、やっと安心して歩き出すことができた。

ラモーナまで辿り着くと確かに小さなカフェがあり、ほっとしたら、なんだかお腹が空いてきたのでクリームティーを頼んだ。クリームティーは、紅茶とスコーンのセットで、クロテッドクリームとジャムをのせて食べる。コーンウォールは酪農が盛んで、生クリームを煮詰めたクロテッドクリームもクリームティーも、ここの名物なのだ。

大きなスコーンにクロテッドクリームと苺ジャムをたっぷりのせ、入江を見ながら食べていると、すっかり元気になった。近くに人がいるというだけで、ものすごく安心感がある。店の人にバス停の場所を聞くと、近くのバス停にバスが来る時間は過ぎているので、さらに先のバス停まで行かないといけないと言う。「たぶん、来るはずだと思うけど。ま、行ってみて」と適当な感じで言われたが、その言葉を信じて歩くことにした。

今なら、あの小さな入江にもUber Taxiが来てくれるのだろうか。しかし当時はタクシーも見かけない場所なので、バスがないとペンザンスには戻れない。

再び、えっちらおっちら歩いていくと、途中から同じ方向へ歩いてゆく年配の人たちがわらわらと増えてきた。白髪の高齢者ばかりだが、もしや私と同じくバスに乗る人たちではないだろうか。さらに安堵感をおぼえつつ、バス停まで辿り着くと、隣に大きなツアーバスがとまっている。老人たちは団体ツアーの乗客だったのだ。

バス停で時刻表を確認していると「どこへ行くの？」と運転手の男性が声をかけてきた。ペンザンスですと答えると、彼も一緒に時刻表を見てくれる。次のバスは一時間半後。それでもバスがあるだけましだ。トトロが出てきそうな鬱蒼とした林の中だが、暗くなるまでにはまだ時間がある。休んでいれば一時間半くらいすぐだろう。

彼は「このバスもペンザンスを通るけど、団体ツアーだから、ほかの人は乗せられないんだよ」とすまなそうに言う。「いいんですよ。大丈夫。ここで待ちますから。ありがとう」。そう言って、バス停の横の石に腰かけていると、さっきの運転手が嬉しそうに「皆さんに聞いたら、乗っていいって。ペンザンスで降ろしてあげるよ」と言ってくれた。このバスは町内会の貸し切りバスで、みんなで積み立てをして年に一回、あちこち旅しているのだそうだ。降りる時、私は何度も御礼を言った。

英国でもコロナが猛威をふるったと聞く今、あの人たちが今も元気でいてくれるよう、願わずにはいられない。

こんな風に旅先で思いがけず親切にされることを、私は拙著『香港風味』で書いた。旅行者は旅の興奮で地に足がついていないため、目立つ。それゆえ普段はありえないような、見知らぬ人の善意に出会えることがある（もちろん、目立つゆえ、騙されるといった悪いこともある）。

私は初めてのひとり旅、初めての土地で、まさにふわふわと宙に浮きながら過ごしていたのだろう。夏の終わりのコーンウォールは、花を咲かせた草花やハーブが生い茂り、空も海も、しみじみと心に染み入るような透きとおった深いブルーで。ここが妖精の国と謳われるのがよく分かる美しさだった。

しかし、この旅には反省点も多い。いつもより時間に余裕をもって計画を立てるべきだったし、事前にエアチケット等も細かく確認すべきだった。そしてフットパスも。あの時は事なきを得たが、無計画にフットパスを歩くのはまずかった。次はきちんと計画を立てて歩きたいと思う。

南西部からロンドンへ移動してからは、「都会はどこも似ている」のセオリー通り、観劇のほかはマーケット、美術館、書店、古道具屋という、私がどこでも行く、お馴染みの場所で過ごした。

推しの舞台はもちろん素敵だった。それからは公演があるごとに見に行くようになったのだから。

香港に住んでいた頃、返還直後にロンドンから香港に駐在になったという人が、「香港は地下鉄や標識などがロンドンと同じですね。だから馴染みやすかったです」と言っていて、それを聞いた時、私は内心、こころよく思っていなかった。香港が英国みたい、マカオがポルトガルみたい、というのは、当時よく言われていたことだが、はい、それは植民地でございますからね、ということで全然、喜ばしいことではないと思っていた。だからそれが事実だとしても、そういう物言いは好きではなかったのだ。

しかし、実際に英国へ行ったら、その人に「あの時はすみませんでした」と謝りたくなるくらい、あちらこちらに香港の幻影を見ないわけにはいかなかった。路上にストール（屋台）が立つ市場は、香港の市場によく似た庶民的な雰囲気を漂わせているし、ロンドンのバスは、香港のバスとよく似た仕様の二階建てバスで、街に詳しくなくても、バスに乗ると安心した。

二〇二〇年の香港国家安全維持法（国安法）の成立後、二年間で一四万四五〇〇人の香港人が英国に移住したという。彼らもまた、英国の街のあちこちに香港の面影を見ているのだろうか。そう思うと、あまりにも哀しく、また皮肉なことではないだろうか。

旅には人生をぎゅっと凝縮したようなところがある。たった二週間に過ぎないあの旅は、私にあらためて、ひとりの気楽さ、自由さ、そして楽しさを教えてくれたと思う。トラブルもいろいろあったが、なんとか解決できて良かった。

時々、日々の暮らしに疲弊すると、あの青い海と空を思い出す。バスの窓から受けた風の強さ、一日の終わりに食堂で飲んだ紅茶のおいしさ、そんな些細なことまでよく覚えている。

また、あんな風に美しい風景をどこかでゆっくり見たいと思う。それまではもう少しだけ、頑張って生きるぞ、とも思う。ひとりで過ごした素晴らしい時間は、小さいけれど無限にエネルギーを放出し続ける、魔法の石のようなものになるのだ。

そして、この旅で私のレパートリーに加わったのは、燻製の鯖をのせたトーストだ。ペンザンスのB&Bで朝食に出してくれたのがおいしかったので真似してみた。トーストした全粒粉のパンの上に、スモークした鱒や鯖と半熟の目玉焼きをのせる。日本ではスモークの鱒は手に入らないが、鯖は時々売っているので、手に入る時はそれを使う。あるいは塩鯖の皮と小骨を取り、燻製塩かリキッドスモーク(塗ると燻製風味がつく調味液)を塗って、一晩ほど置く。食べる時は電子レンジで火を通す。トーストにバターを塗り、魚と半熟の目玉焼きをのせる。ナイフとフォークで、とろっとした卵の黄身を崩しながら食べると、あの、青い海と空とを思い出す。

ひとりご飯修行のススメ

私が長い間、ずっとひとりで過ごす旅をしてこなかったのは、食事の問題が大きかった。ひとりだときちんとしたレストランへ入りにくい。おいしいものが食べられないから、ひとり旅はしない、そうはっきり言う友人もいる。かつては私もそう思っていた。下戸で酒が飲めないことも、ひとり旅を躊躇させた。

しかし、今ではひとりきりで、レストランで食事をするのは決して憂鬱なことではなく、むしろ楽しみとなっている。なぜなら「ひとりご飯修行」をするようになったからだ。

某映画会社に勤務しつつ、映画ライターでもある友人、杉山亮一さんは、私が勝手に、ひとりご飯修行の師匠と思っている人物である。

杉山さんと知り合ったのは香港時代なので、もう二〇年以上のつきあいになる。彼は新型コロナ以前、出張も含めると毎月、毎週のように旅していたと思う。プライベートでも香港の金像奨、台湾の金馬奨、香港国際電影節など、アジアの映画賞や映画祭には常に顔を出していたし、また、彼は熱狂的な００７ファン（私の００７師匠でもある）でもあり、ロンドンで行われる００７の「ロイヤル・プレミア」にも参加しては涙する、といった人物でもある。

仕事の都合上、ヨーロッパでも最長で一週間、大抵は三、四日しか滞在できないのが悲しい、とご本人はおっしゃるが、杉山さんは「ひとりご飯の達人」だ。弾丸旅でも必ず、一流ホテルや星つきレストランなどでひとり、優雅に食事をしている。

ある時、私がなにげなく、「杉山さんは偉いですよねえ。私はひとり旅だったら、杉山さんみたいに良いお店で食事するの、なかなかできないと思う」と言ったら、「僕だって、ひとりでご飯食べるの、辛いですよ。寂しいですよ。でも以前、思ったんです。おいしいものがあるのに食べない人生と、ちょっと頑張って食べる人生があるとしたら、どっちをとるか？　って。それで僕はちょっと頑張って、ひとりでおいしいご飯を食べる方がいいなって思ったんですよ」。

なんと！　今日はプライム・リブステーキ、明日はホテルのアフタヌーンティーといった、絢爛豪華な食べ歩きの裏には、そんな決意があったとは！　ちなみに彼も下戸である。その言葉を聞いて私は「そうか！　ひとりご飯は修行なんだ！　決して楽ではないが修行だから仕方がないんだ！」と思ったのであった。

それから、私は旅先でひとり、食事をするのが不思議なくらい嫌ではなくなった。そうして、その「気づき」をくれた杉山さんは、私のひとりご飯修行の師匠となったのである。

ということで今回、あらためて杉山さんに海外、特に英国における（彼は007ファンなので欧米への渡航は英国が圧倒的に多い）「ひとりご飯」について、話を聞いた。するといろいろ話をしていくうちに、ひとりご飯修行には、いくつか攻略法があることが分かってきた。

まず、行きたいお店には、事前に予約を入れること。予約を入れておけば、直前になって「やっぱり止めておこうかな……」と迷い、結局、行かなかった、という事態を避けられる。もちろん、体調が優れない時はキャンセルすれば良いけれど、なんとなくためらわれたり、面倒だなと思い始めて（こんな時はだいたい、疲れているのだが）

行くのを止めると、後になって「やっぱり行っておけば良かった……」という後悔が生じやすい。

そんな時、予約が己への軽い縛りとして活きてくる。「水の低きに就くが如し（物事は自然のなりゆきに従うという意味。孟子の言葉）で、予約を入れていなくて、ああ、なんか疲れているなと思ったら、ロンドンでも蘭州牛肉麵を食べたりしてしまうので……」と杉山さん。いや、これがなかなかおいしいんですが……と言いつつ、やはり現地ではそこでしか食べられない、地元のものが食べたい（なるだけ地場のものが食べたいという気持ちは私たちに共通している）。これがひとりでなければ、「蘭州牛肉麵？ないでしょ」と言ってくれる友がいるが、ひとりだとついふらふらと蘭州牛肉麵へ……ということになってしまうと言う。

そして、予約は旅に出る前に入れてしまった方がいい。「旅先ではテンションが上がっているので元気だと感じるけれど、実はけっこう疲れているんですよ。日本でできることは日本でやっておく方がいいです。特に短期の旅だと、現地へ行ってから調べたり、予約を取ったりするのは面倒ですから」。今は大抵の店がウェブサイトから予約できるし、予約アプリ「Open Table」もあって便利だ。杉山さんは旅の最後の夜、ちょっと良いレストランに予約を入れることが多いそうだ。

しかし、この攻略法、おそらく彼が一番よく訪れているだろう香港では使えない。アジアも地域によって事情はそれぞれだと思うが、香港は「Open Table」に登録されている店は少ないし、第一、きちんとした酒樓《ざうらう》（レストラン）の食事は基本「みんなで食べる」を前提としているので、一皿の量が多すぎる……。

まあ、香港では飲茶《やむちゃ》（は一皿が小さいので大丈夫）や麵やお粥も十分おいしいし、最近は日本でもその名が定着しつつある（のかな？）茶餐廳《ちゃあちゃんてぃん》（喫茶店兼食堂）にはひとり用のぶっかけ飯（白いご飯の上におかずがのっている）が種類豊富にあるので、数日の滞在なら問題ないかなと思う。

そして、予約の次は、ひとりでテーブルに着き、料理を待つという試練が待っている。料理を待っている間は周りを眺めるくらいしか、本当にやることがない（下戸の悲しい性である）。そして良い店は、料理が出てくるまでに時間がかかる……。

今なら、スマホを見て過ごすという手もあるか、と思う。LINEやツイッターなどを使えば、ひとり旅の寂しさは簡単に払拭されてしまう。しかし私は、店でスマホを握ったまま、というのはなんだか嫌なのだ。なぜなら人はスマホに向かう時、心は「ここ」にないと思う。スマホの先の、電波の先の、遥か向こうのどこかにあると思う。せっかく「今」「ここ」にいるのにもったいない、そう思う。が、暇な時は、ちょっとくらいは見てもいいよね。

さらに、グーグルマップの登場は旅の行動様式をまったく変えてしまった。グーグルマップさえあれば世界中、どこでも、何の下調べをしなくても自由に動き回れる、そんな錯覚に陥る（本当は、世界にはスマホの電波が届かない場所はいくらでもあるだろうから、どこでも、ではないと思うのだが）。グーグルマップの万能感は本当にすごくて、あれを使ったらもう、昔のようにちまちまと、地図を見ながらの旅には戻れない（私は旅先で地図にマッピングするのが大好きだったのだが）。

料理を待っている間の手持ち無沙汰に関しては、「メニューは下げないでもらって、料理を待っている間、熟読しちゃいます」と杉山さん。あ、確かに。私もメニューは読みます。外国語のメニューは読むのに時間がかかるところもいい。解読しながら、「あ、この料理があったのか！　こっちを頼めば良かった。次は必ず……」と軽い後悔をしたり、「デザートはこれにしようかな」などと思ったり、メニューを読むのはなかなか楽しい時間である。

ベーシックな行動として、本を読んで待つのもいいし、予定や日記など、書きものをして待つのもひとつの方法だと思う。

以前、友人でイラストレーター・漫画家の門小雷（リトルサンダー）が遊びに来た時、二人で東京の街をあちこち歩いたことがある。彼女は喫茶店に入るとすぐに、小さな手帳を取り出して、周りをスケッチし始めた。その間、特に話もせず、彼女の筆さばきに見とれながら、絵が描けるということは、何と素晴らしいことなのだろう！　と思った。紙とペンは彼女の友だちだから。きっとどこへ行っても、紙とペンさえあれば彼女は落ち着いていられるのだ。

私も絵が描けたらなあ！　と羨ましかったが、思えば紙とペンは私にとっても良き友ではないか。絵は描けないが字は書ける。ということで、ひとり旅の時には毎回、小さな旅ノートを用意し、スケジュールやちょっとしたメモ書き、その日にあったことなどを書くようになった。レストランでも落ち着かなくなったら、このノートに何かしら書いている。これもなかなか良いものである。

実は「英国ひとり旅」の時も、ロンドンではSt. JOHNという英国料理の店へひとりで行った。私は二〇一八年に亡くなった元シェフ・作家のアンソニー・ボーデインの大ファンなので、よく彼が行った店をトレースしている。St. JOHNも『クックズ・ツアー』に出てくる店のひとつである。

友人と行った初めての英国旅の時もSt. JOHNへは行ったのだ。着いたその日の晩にしか予約が取れなかった。しかし昼過ぎに着くはずだった飛行機が、台風により大幅に遅延し、ロンドンに着いたのは夜。疲れで意識が朦朧となっており、何を食べたかもよく覚えていないし、食べ終わったら、床がふわふわしてきてヤバかった(この状態で初めての街、初めてのレストランへ行けたのも、友人と一緒だったからこそ、だ)。

しかし、そんなボロボロの状態(遅延だけでなく、荷物がロストバゲージでパリへ運ばれてしまったため、着替えもなく、時間もないのでシャワーを浴びることさえできなかった)にもかかわらず、店の人はとても丁寧で親切だった。だからひとりでもSt. JOHNへは行こうと決めていた。前回の恩返し、というわけではないが、何か使命感のようなものがあった。

店に入ると前回同様、満員で、最初はなかなか落ち着かなかった(ここは杉山さんもお気に入りの店だが、テーブルの間隔が狭く、周りはカップルやグループで賑わっているので、周りを気にせずに落ち着くまでちょっと時間がかかる、と言う)。

この時は、店のシグニチャー・ディッシュである、牛の骨髄とパセリサラダ、メインは辛いソースのキドニーを頼んだ。すると、注文を取りに来た女性スタッフに「だったらグリーンもどう?」と勧められ、素直にそれも頼んだ。

背脂やラードなど、こってりした味が好きなら、トーストに塗って食べる、骨ごと焼いて溶け出した牛の骨髄は好ましく、また感動のおいしさだ（帰国してから、骨髄の入っているスープ用牛骨で真似して作ってみた。二四一円くらいで出来てしまった……）。口直しの酸っぱいパセリサラダともよく合う。

グリーンとはキャベツとケールを茹でただけのものだった。英国料理は、野菜を正体がなくなるまでくたくたに煮る……と揶揄されてきたが、その、歯ごたえが残るくらいの茹で加減は、伝統的な英国料理を現代的に洗練させたSt. JOHNらしく、スパイシーでこってりしたソースのキドニーにもよく合った。

デザートは、ラズベリーパヴロヴァ。メレンゲと生クリームに、ラズベリーソースがかかっている。パヴロヴァはもともと、オーストラリアのデザートで、ロシアのバレリーナ、アンナ・パヴロヴァが名前の由来という、儚さを感じる軽いデザートだ。杉山さんはSt. JOHNのイートン・メス（パブロヴァによく似た英国のデザート。メレンゲを崩し、果物やクリームとよく混ぜて食べる。イートン・メスの発祥の地であるイートン校はジェームズ・ボンドの出身校という設定でもある）をとても気に入っていると言う。

注文をとったスタッフは、料理を運んでくるたびに声をかけてくれ、そして何より、一皿一皿がどれもおいしく、最初の緊張はすっかり消えて、楽しい時間を過ごせた。

だから会計の時、たくさんチップをはずめば良いのだが、こちらの懐の都合でなかなかそういうわけにもいかない。せめてもと思い、「あなたのおかげで楽しい食事でした。ありがとう」と言ったら、彼女も嬉しそうに笑ってくれ、二人でハグして店を出た。

とても良い夜だった。


この、初めての店での最初の緊張が味や雰囲気でほぐれ、リラックスしていくという時間の流れが私は好きだ。ああ、おいしいなと思う時に幸せを感じる。ひとりだと最初に緊張することが多い分、幸せを感じることも多い。ひとりの食事が嫌でなくなったのは、そんなところにも理由があるかも知れない。良き思い出は、次の行動を後押ししてくれる。


「旅先での食事を思い出す時は、料理だけでなく、旅そのものを思い出すんですよ」

と杉山さんは言う。確かに、店の様子、人々とのやりとり、そんなものが料理の味と一緒に鮮明に思い出される。

もちろん、期待して行った店があまり良くなかったということもあるし、ひとりご飯修行がいつもうまくいくとは限らない。店のスタッフや、隣の席の人とちょっとしたおしゃべりをしたり、お勧めの店を聞いたりすることもある一方で、最初から最後まで黙々と食事をして、店を出ることもある。「でも、どちらにせよ、やってみないと分からないです」。もしかしたら、自分で行動を起こすこと、それ自体が、ひとりご飯修行の意義のひとつなのかも知れない。

もし、ひとりで食事するのが嫌という理由でひとり旅を躊躇している人がいたら、ぜひ「ひとりご飯修行」に挑戦することをお勧めしたい。

ひとり温泉の愉しみ

もしかしたら、若い方はご存じないかも知れないが、以前、温泉ではひとり客、特に女性のひとり客は敬遠されると言われていた。なぜなら、温泉にひとりで来るような客は、何か問題を抱えていることが多く、トラブルを避けるためだと聞いた。療養のための湯治場、商用のための商人宿などは昔からひとり客もいたと思うから別だと思うが、行楽のために温泉に泊まる客は基本、複数だった。

今では、ひとり旅は特に珍しくもなくなったように思える。では、ひとり温泉についてはどうなのか？　私自身、温泉へひとりで行ったことがあるかといえば、ない。

以前は時々、温泉好きの友人に誘われて山梨や長野の温泉へ行っていた。しかし近年は新型コロナの影響もあり、まったく行っていない。ということで今回、初めてひとりで温泉旅行へ出かけることにした。

友人が誘ってくれる宿はいつも良かったので、好みの温泉宿のイメージというのはあった。まず近場であること。家から三時間前後で行ける場所がいい。宿の規模にこだわりはないが小さめの方が落ち着く。値段はできれば一泊二万円以内に抑えたい。おー泊ならば、外には出ないで温泉に浸かっているので、温泉街である必要はない。お湯はできれば源泉かけ流しがいい。そして必須なのは露天風呂があること。なぜ露天風呂がマストなのかというと、外気が涼しいので、室内に比べて長い間、浸かっていられるからだ。せっかく温泉に来たのだから、少しでも長く入っていたいという貧乏性ゆえ。そして私はのぼせやすい体質なのである。

いろいろな宿のウェブサイトを見ていくと、ひとり客の料金設定が明記されている宿もあれば、記載のない宿、直接お問い合わせくださいと書いてある宿と、宿によってまちまちだ。料金も、二人で泊まるよりやや高めくらいが相場のようだが、かなり高く設定されている宿もある。二人だと三万円（一人一万五〇〇〇円）なのに、一人だと二万七〇〇〇円とか。一人でも二人でも使うのはひと部屋なので、宿側の気持ちも分かるのだが……。やたらに高いと、やはりこれは、ひとり客を積極的に受け入れたくないということかな、と思ってしまう。

この宿は良さそうと思い、さらに温泉施設についての情報を見ていくと、これまたさまざまだった。露天風呂はひとつだけ、時間制で男女交代、という宿もパスしてしまう。経験上、食事後などの良い時間帯は男性用になることが多いと思うからだ。男湯と女湯の大きさが著しく違う宿も敬遠する。男湯は広々していて良さげなのに、女湯の方は家庭風呂かと思うほど小さい宿もある。見ているうちに、だんだん怒りすら覚えるようになる。露天風呂は男湯だけという宿もある。思わず虚空を見上げてしまう。昔は宴会などが多く、男性客が多かったということかなとも思うし、施設の構造上、仕方がないのかも知れない。しかし、今は男湯と女湯の差のない温泉も多くなっているし、改善を求めたいところである。

そして長期滞在用の宿でなくとも、素泊まりや夕食だけ、朝食だけなどを選べる宿が増えている。私は両親ともに東京生まれで田舎がないので、子どもの頃は夏休みになると温泉宿に親戚が集まり、過ごすことが多かった。その時、母や叔母などは明らかに「家事しないでいい！　サイコー！」という顔をしていたので、温泉宿＝上げ膳据え膳、というイメージがあったが、いろいろ選択できるのはやっぱり良いことだと思う。

と、ネットでいろいろ探していたところ、群馬県みなかみ町にある「天空の湯 なかや旅館」という宿が、私の希望する条件をクリアしていたので、ここへ泊まることにした。


東京から高崎を経由して水上駅へ。駅前にみやげ物屋や食堂が数軒並ぶだけの、こぢんまりとした駅だった。水上は冬には新宿から直通のバスが出るなど、スキー客が多い場所のようで、私が訪れた九月は静かで、同じ電車で下車した人たちはさっさといなくなり、いつのまにか私ひとりが駅前に佇んでいた。チェックインには少し時間が早かったので、駅前で蕎麦を食べ、温泉饅頭をひとつ買い、その場で食べた。温泉街で温泉饅頭を見ると、なんだか懐かしいような気持ちになって、ちょっと食べたくなる。どこで食べても味に大きな違いはないし。こしあんがしっとりした温泉饅頭はおいしかった。

「天空の湯 なかや旅館」へはここからさらにバスに乗る。山道をどんどん進み、湯《ゆ》檜曽《びそ》温泉街で下車すると、やっぱり私以外、人はいなかった。しかしすぐに、傍にある湯檜曽川の川の音が聞こえてきて、久しぶりに自然に囲まれた場所へ来たなと、旅の気分が盛り上がってきた。辺りにある宿は数軒のみだ。本当に静かなところで、鄙びた雰囲気が落ちつく。そして、きっと昔はもっとにぎやかだったのだろうな、と想像せずにはいられない。

宿へ入ると、ちょうど赤ちゃん連れの家族がチェックインしているところだった。なかなか旅館には赤ちゃんや子どもと一緒に温泉に入れる「ベビーキッズプラン」があるのだ。

温泉は大浴場のほか、四〇分ずつ貸し切りで利用できる二つの露天風呂（二三時から翌日の朝一〇時まではそれぞれ女湯、男湯として利用できる）もある。露天風呂の時間は二〇時半からにする。食事は部屋出ししてくれるという。部屋は古い和室を選んだのでその分、お値段も安めだ。一階の棚にいろんな浴衣が置いてあり、自分の好きなものを選ぶようになっている。

食事前にひと風呂浴びようと大浴場へ行くと、ここにも誰もいなかった。湯船は小さめだが、タイルの色がデビッド・ホックニーのプールの絵を彷彿とさせるような、きれいな水色で素敵だ。水質は弱アルカリ性単純温泉で、循環プラスかけ流しの併用。お湯はかなり熱い。

お湯に浸かっていると、お年寄りがひとりで入ってきた。普段は温泉でほかの人が入っていても、会釈するくらいで、特に言葉を交わすことはない。しかし、ひとりで温泉に来たという心持ちからか、お年寄りが「お邪魔しますよ」と声をかけてくれたせいか、少しだけおしゃべりをした。ただ、じょぼじょぼと、勢いよく湯船に注がれるお湯の音がかなり激しく、また新型コロナのことを考えると、あまり大声で話すのもはばかられたので、二言三言、言葉を交わしただけではあったが。

お年寄りは足と腰が悪いので、時々こうして温泉に入りに来るのだそうだ。「ここはいいわねえ。お湯もいいし、シャワーだってタイマーで切れないでしょ。水が豊かなのね」。

ここのシャワーはボタンを押すと三〇秒くらいで止まるのではなく、ハンドルを回せばずっと水が流れるタイプなのだ。へえ、シャワーのタイマーなんて、気にしたこともなかった。意外な目のつけどころに感心していると、お年寄りは湯船の縁のタイルの上で、ゆっくりと、ストレッチのように身体を伸ばしたり、縮めたりし始めた。その気持ちよさそうな動作は、なぜかスーラの絵を連想させた。お年寄りはしばらくそうやってタイルの上で寛いでから、ゆっくり湯に浸かり、それから丁寧に身体を洗って、出ていった。

なんだかすごくいい温泉の入り方だなあ、いろんな温泉を巡っている人は違うなあ、とまた感心しつつ、お年寄りが坐っていた湯船の縁が気になってきた。

温泉旅行は久しぶりだったが実は、私はこのところ、流行りのサ活、いわゆるサウナ活動にはまっていて、近所のスーパー銭湯へいくのを日々の楽しみとしている。ミストサウナ、サウナ、水風呂、寝湯、をぐるぐると繰り返し、気がつくとひとりで三、四時間くらいいる。

特に好きなのが、温かいお湯がチョロチョロと流れる「寝湯」だ。寝ていると、いろんなことを考えられるのがいい。ぼんやりと静かに物思いに耽りたい時、寝湯は絶好の場所である。

大浴場で再びひとりになった私は、さっきまでお年寄りが坐っていた、湯船の周りの床に触れてみた。ずっと熱いお湯が流れているのでタイルもかなり温かい。誰もいないのを良いことに、私はタイルの上に寝てみた。まるで寝湯そのものだ。そこで私は、湯船に浸かる↓水シャワーを浴びる↓タイルに寝る、を繰り返し、大浴場を満喫したのであった。

部屋に戻ってから、サウナのせいで私の入浴観はだいぶエンタメ化されてしまったのかも知れないな、と少し反省もした。しかし私にとってスーパー銭湯（入浴＋サウナの組み合わせ）で過ごす時間というのは、純粋にひとりで過ごす愉しい時間である。

温泉とスーパー銭湯はまったくの別ものだが、温泉もまた、ひとりで満喫するのに適した場所なのでは、と思い始めた。

夕食時には地元の岩魚、蒟蒻や野菜、桃といった、群馬の食材を使った料理がテーブルにずらりと並んだ。夕食を食べる場所についても、私はまるで気にしていなかったが、大部屋でカップルや家族連れに混じってひとり、夕餉をとるのはなかなかコドクなことであるよと、ひとり温泉経験者の友人が言っていたのを思い出した。だから、夕食が部屋出しの宿を選んで正解だったかなと思った（そして後に、これは、赤ちゃんや子ども連れの多い宿だからこその配慮ではないかと、編集の岸本さんに言われ、なるほどと納得したのであった）。

食事の後は露天風呂の時間である。脱衣所に、浴室の電気が消せるので天気が良いと満天の星空を眺めることができると書いてある。その日は曇りで星は見えなかったが、真っ暗闇の中で露天風呂に浸かるのは、なかなか良いものだった。

湯船からは、周りの木々がうっすらと白く浮かび上がり、風に吹かれ、枝が音を立てて揺れるのが見える。空気はほどよく冷えており、熱いお湯でものぼせない。そして風呂に虫が入るのを防ぐためなのだろう、近くに誘蛾灯があり、時々、バチッバチッという虫が当たる音が聞こえてくる。暗闇の中で聞く、お湯が注がれる音は心地良い。川の音やお湯の音、水の流れる音（海の音もそうだ）というのは、どうしてこんなに安らげるのだろう……などということを思っていると、四〇分はあっという間であった。

露天風呂に入った後は特にすることがない。近年、旅先でテレビをつけることはしなくなった。先ほど、露天風呂でも聞こえた誘蛾灯のバチッバチッという音が、部屋にいても聞こえてくる。それがなんだか、稲垣足穂の好きなアーク放電の、路面電車から火花が散る時の音のように、また、つげ義春の漫画に出てくる鄙びた温泉宿のような雰囲気を醸し出しているようにも思えた。旅情だねえ。布団の上でゴロゴロして、そんなことをぼんやり思いながらＳＮＳを見たり、ポッドキャストを聞いたりしているうちに（普段の生活と同じだ）寝てしまった。

翌日の朝食は食堂でバイキングだった。地元産の茸を使ったポタージュや飲むヨーグルトなども用意されている。周りは、赤ちゃん連れの家族のほか、老夫婦と思しき二人連れ、そしてひとりで食事をしている男性も二人いた。年は四、五〇代くらいだろうか。昨夜のお年寄りの姿はなかった。

家族連れは、赤ちゃんが時々ぐずると、お母さんがそれをあやしたりして、幼児とも違うにぎやかさがある。一方、私も含め、ひとり客は黙々と、しかし、しきりにおかわりなどしながら、もりもりと朝食を満喫しているのだった。

食事の後、もう一度、露天風呂へ行った。昨夜は石の風呂で、今回は木の風呂（女性用）である。どちらも広さにして一〇畳くらいだろうか。決して広くないが、誰も入っていないので昨夜同様、貸し切り状態である。見えるのは周りの山と木々だけ。昨夜の真っ暗な時とはまったく違う雰囲気で、なんとものどかな感じがする。そして浴槽の一角には浅い部分があり、赤ちゃんも入れるようになっていた。

良い具合に風も吹いていて、やっぱり露天はいいなあとしみじみ感じる。そして、これは運次第だけれど、ひとりで浸かる温泉は気兼ねがなくて、たくさんの人たちと、押し合いへし合いしながら入るスーパー銭湯とは比べるべくもない。静かな時間とお湯の音、ひとり温泉ならではの良さを満喫した。

チェックアウトしてから、宿のスタッフである富澤周平さんにお話を伺った。富澤さんは茨城出身で四年前からなかや旅館に勤務。その前は岐阜の旅館で働いていたそうだ。「うちはベビーキッズプランのお客様が八割を占めていますが、ひとり旅の方もいらっしゃいます。ここは谷川岳に近く、登山客も多いので、男女でいうと男性の方が多いですけれど、女性ひとりの方が珍しいわけではないですよ」とおっしゃる。

ベビーキッズプランでは、専用の食事が用意されるほか、大浴場で使う赤ちゃんの浴槽、子ども用のおもちゃなども貸し出している。部屋のダストボックスもおむつが入る大きなものが用意されていた。

ここの水質は刺激が少ないので、赤ちゃんでも入れるし、大人も湯あたりを起こさないという。常連客は「疲れないお湯なのが良い」と言ってくれるそうだ。

なかや旅館はもともと民宿として始まり、現在のオーナーである三代目に引き継いだ時に現在のようなスタイルとなった。ベビーキッズプランを始めたのが一九九七年というから、かなり先駆的ではないだろうか。富澤さんによるとやはり、料金設定には旅館側の気持ちが反映されているそうだ。当然ながら複数でひと部屋に泊まってもらった方が旅館側としてはいい。しかし、平日やシーズンオフなど、なかなか部屋が埋まらない時には、素泊まりでもひとり客でも、泊まってくれるだけでありがたい、と言う。

また、貸し切り風呂と大浴場は日帰り入浴もできる。コロナ禍で、他の旅館が日帰り入浴を中止する中、なかや旅館では逆に、近くのキャンプ場などでチラシをまいたりして、宣伝を続けた結果、利用客が増えたという。「コロナで人が動かなくても温泉は湧き続けている。それを利用する方法はと思い、積極的に日帰り入浴を受け入れました。今も先の状況は読めないです。またＧｏＴｏトラベルキャンペーンが始まったとしても、それが終わった後の客足は分からないですし」と富澤さんは慎重だ。

コロナ前と今とでは客層も変わった。以前は、東京や埼玉など都心部からの利用客がほとんどだったが、今は県内の客が増え、都心からの客は全体の二五％ほどだ。

なかや旅館では週に一度ミーティングをし、改善点があればどんどん変えている。

「以前、勤めていた旅館は古い日本旅館で、伝統的なやり方を変えないで続けるというやり方でしたが、うちは慢心せず、積極的に変えていくスタイルです。そのあたりの方針は旅館によって本当に違うと思います」。

宿泊客も、家族連れとひとり客では滞在の仕方も若干、違うという。家族連れは日中、観光へ出かけることが多いが、ひとり客はどこへも行かず、静かに温泉と食事を楽しんでいる人が多い。近頃はテレワークも可能になってきたので、仕事をしつつ温泉で過ごす人も増えてきた。

私的には、友だちとの温泉旅はもちろん楽しいが、ひとりだからつまらないということはまったくなかった。ひとりだと気兼ねなく、好きに過ごせるところが良い。ということで、思い立ったらすぐに行けるような近場に、お気に入りの温泉のひとつやふたつ、持っていたいものである。

そして今回、なかや旅館で感じたのは、赤ちゃん連れとひとり客というのは一見、相反する組み合わせだが、どちらも旅行では、ややもすると敬遠されがちというところでお仲間、と言えなくもない。ということで、意外なところで赤ちゃんにもシンパシーを感じてしまった、秋の温泉ひとり旅であった。

作らない人

私は料理をするのが好きな性分である。今の家の周辺には飲食店はおろか、一番近いコンビニでさえ四〇〇メートルほど離れているという立地条件もあり、食事は基本、すべて自分で作っている。しかし「こんなに毎回、作らなくてもいいのでは?」と我ながら思うこともある。意識的に外食してみたり、外で買ったものを家で食べたりもするのだが、ぼんやりしているとまた、完全自炊生活に戻ってしまう。

疲れているなと思っていても、つい自分で作ってしまうのは、冷蔵庫には常に何かしら入っているため、簡単なものなら作れてしまうということ。そして、自分で作った料理は気楽で良いということがある。どんなものであれ、他人が作ったものには「おいしい」「まずい」という評価の視点がはたらくので、まずいとがっかりして、損をしたような気持ちになってしまう。が、自分で作ったものには、そういう客観的な視線はこれっぽっちも入り込まない。旨かろうがマズかろうが、それは自分の責任、というより、自分で作った料理というのは自分の一部みたいなものなのだと思う。

もちろん、人に出す時はその限りではなくて、「今日はちょっとしょっぱかったかも」とか「塩が足りないようなら自分で足してね」などと、いきなり客観性が出る。ひとりで食べる時も同じように「醤油入れすぎたな」とか「味、うっすっ」などと心の中では思うわけだが、それが批判や反省にはならないし、自分に矛先が向かってくることは決してない。料理の味は一期一会。ノー批判、ノー反省。お腹に入れてしまえば跡形もなくなる。このように自炊とは、かくも穏やかで平和なものなのである。

ということは、逆に言えば、私は人の作る料理にはかなり厳しいのかも知れない。好き嫌いなくなんでも食べるが、まずいと思うと急に不機嫌になったりする。世間では「料理好き」は好ましいことと思われているが、私は良いとか悪いとかいうものではないと思っている。朝起きて、間髪入れずにシュトレンを作り始めたり、マグロの頭を丸ごと買って、ナイフでちまちまと肉をえぐり出したり、私は自分の料理好きには何か逸脱したものを感じているし。だから料理を一切しない人がいても、それはその人の自由であって、特に批判などをする気は起こらないのだ。

ということで、今回は私と真逆の、料理をまったく作らない人に話を聞いてみようと思う。私の八卦掌《はっけしょう》（中国武術。万年ビギナーです）の師兄（兄弟子。武術をやっている人や、武俠小説や武俠映画が好きな人は大抵好きな言葉）であり、会社勤めをしながら、大学で中国哲学などを教えている野村英登さんにお話をうかがうことにした。

毎食、外食というと、食べることに興味がないのかな？　と思われがちだが、野村さんは食べることが大好きでよく、おいしい中国料理に誘ってくださる。しかし家ではまったく自炊しないという。「昔は、お米くらいは炊いていたんですけどね」と野村さん。大学に進学し、東京でひとり暮らしを始めた当初は、家でご飯を炊き、おかずも作っていたそうだ。「おかずといっても肉と野菜を炒めるだけとか、簡単なものです。そのうちに、カット野菜の存在を知り、これなら野菜を切らなくていいじゃないかと。次にスーパーでお惣菜を買う方が作るよりも安く済む、という感じで、だんだん料理をしなくなっていったんですね」。

そして、外食生活に拍車をかけたのは、大学へ入って、酒を飲むようになってから。週の半分以上を飲み歩くようになると、家にある食材を腐らせたりと、効率が悪くなり、どんどん自炊しなくなったのだそうだ。しかし、完全に自炊しなくなったのは女の子とデートするようになってからというのはちょっと意外だ。「デートでも基本、飲みますから。そうすると夜飲んで、朝食を食べなくなり、まったく自炊しなくなりました」。彼女と家で一緒に料理を作って飲む、ということはなかったんですか？「なかったですねえ。当時の彼女は料理もしましたが、二人とも、外で食べたり飲んだりするのが好きだったので、いつも外で飲み食いしてましたね」。

話を聞きながら、ちょっと不思議だなと思ったのは、つきあっている相手が料理をする人でも、「彼女作る人、僕食べる人」という風な関係にはならず、「僕も彼女も食べる人」であるところだ。ご本人はそのことを意識したことはないようで、「なぜか、作ってもらおうとは思わなかったですし、一緒に作ろうという方向にもいきませんでしたねえ」と、あっさりしたものだ。

当然のことだが、外食よりも家で飲み食いした方が安上がりだ。野村さんがそうしなかったのは、大学生時代に好きだったのが日本酒だからかも知れない、と言う。当時、よく行ったのは地酒が置いてある居酒屋だった。「今は日本酒も四合瓶でいろんな銘柄が出ていますけど、当時は一升瓶だけ。僕はいろんなお酒を少しずつ飲みたいので、家飲みには限界があった。一升瓶を買ったら、飲み終わるまでに時間がかかるし、栓を開けたら味もどんどん変わってしまう。割高にはなりますが、外で飲む方が良かったんですよ」。

料理も、いろいろな味を少しずつ食べたい。だから食事を楽しもうと思ったら、ある程度の人数が必要だと言う。この考え方は、中国料理的だなと思う。以前、ある台湾人の女性に「友だちと中国料理のランチへ行く時には、それぞれが違う定食を頼んで、おかずをみんなでシェアすると、いろんな料理が味わえていいわよ」とアドバイスされたことがあった。定食をシェアするという発想がなかったので、面白いなあと思った。

私が野村さんに誘われるのも中国料理が多いが、ご本人は最近凝っているクラフトビールを彼女と飲み歩いたり、友人たちとそれぞれが好きな焼肉店を食べ歩いたりと、中国料理に限らず、日常的に外食を楽しんでいる。遊ぶ感覚で飲み食いするのが好きなのだと言う。

緊急事態宣言で、飲食店が休業していた時はどうしていたんですか？　と尋ねると、「仕事がテレワークになったので、近所でテイクアウトできる店を調べていろいろ試したり、カップラーメンの食べ比べをやってみたり。外食できないことがストレスになるほどではなかったですよ」。生活は少しずつ戻っており、今、はまっているのが職場のある六本木でのランチの食べ歩きだ。値段の上限を決めていろいろな店を試すのが楽しいそうだ。

野村さんは外食が好きというだけでなく、食べることにちょっとした遊び心というか、エンタメ的な要素を取り入れるのが得意なのだなあ、と話を聞いていて思った。外でみんなと一緒に飲み食いするのが大好きでも、それが叶わなくなった時には、別の楽しみを見つけることができる。その辺りはさすが、リアル「孤独のグルメ」というか、だてにほぼ一〇〇％外食の人ではない。

そして彼は、決して自炊しないと決めていたわけではなく、使わなくなっても炊飯器は持っていたし、ガスのない部屋に住むのはずっと躊躇していたのだそうだ。しかし先日部屋の水回りは洗面所だけという、ソーシャル・アパートメントに引っ越した。ソーシャル・アパートメントというのはキッチンや浴室、トイレやランドリーが共有のアパート（共有部分の構成は各アパート、各部屋によって違うらしい）のことで、彼が住んでいる施設にはオフィス・スペースがあり、また一階のカフェのミールクーポンがもらえるのだそうだ。「住人は外国人が多く、たまにキッチンを覗くと、若者がわいわいと料理を作っていますよ。設備も整っていますし、料理してみたいなとは思うのですが、まだ果たせていません」。掃除のサービスがないホテルのような、或いは大学の寮のような感じだろうか。どちらにせよ料理用ボウルだけで一〇個近く持っている私には決して、生きていけない世界ではある。

食べることは大好きだが作らない人、野村さんの外食生活は、とても現代的に感じられる一方で、どこか仙人のような飄々とした雰囲気も感じられるのだった。なんというか、いろいろなことに対して、過度に執着せず、軽やかだ。私のように自分の口に合わないからといって、いきなり不機嫌になったりするのは、なんだか煩悩まみれのようでお恥ずかしい。「おいしく、食べる」と「楽しく、食べる」は似ているが違う。今まで、「おいしく」には心を砕いてきたが「楽しく」はあまり気にしてこなかった。もっと楽しく食べることを心がければ、我が煩悩を追い払い、もっと身軽になれるだろうか。

新型コロナとぎっくり腰

二〇二二年一二月、とうとうコロナに罹った。

世間では第八波到来と言われた時期で、今までになくコロナが迫っている感じはしていた。身近な人が次々に罹患したり、濃厚接触者になったりしていった。私自身も二度ほど濃厚接触者になったが、結局、発症せず、ひと息ついたところだった。ワクチンは三回打った。最後に打ったのは春で、四回目は打たないことに決めていた。

外出して戻ったらすぐに手洗いする習慣はずっと続けていた。しかし、うがいの方はこの二年、コロナが蔓延する中で「実はあまり効果がない」と言われるようになってからは、少しおろそかになっていた。

それまで濃厚接触者になっても発症しなかったことで、私の心の中にはなにか、奇妙な感覚が微かに生まれていた。それは「私は大丈夫だ」という、根拠のない自信の裏に「私は大丈夫だということは決してない」という気持ちがぴたりと張りついており、カードの表と裏が、ずっとくるくると回り続けているような感じがした。今は「私は大丈夫」の面が続いているが、いつかきっと「大丈夫ではない」の面が出るだろう、そういう予感があった。

「私は大丈夫」に振り切らなかったのは、世間がどんどん活動を再開し始め、自分の行動も徐々に広がっていたからだ。電車も以前のように混むようになり、人との外出や食事も増えた。コロナに罹らないようにと二年間努めてきた行動が、どんどん過去のものになっていた矢先だった。

朝、起きるとなんだか身体がだるかった。微かだが喉にも違和感がある。つい二週間前にコロナになった友人の話が鮮明に思い出された。彼女がまず感じたのは、微かな喉の違和感と疲労感で、「その時はコロナだとは思わなくて、疲れたのかな、と思って一日、寝ていた」と言っていた。私もまさに同じような感じだった。熱はないがベッドに横になると、そのまま寝てしまった。私は普段、昼間は決して横にならないので、これはもうコロナに違いないとほぼ確信を持った。

翌日、案の定、発熱したので、近所のPCR検査場所にネットで予約を入れたが、あいにく四日後しか取れなかった。買い置きの抗原検査のキットでは陰性。微かに望みを持ったが、まあ陽性だろうとは思っていた。この時点で、この数日間に会った友人に連絡し、事情を話し、それから仕事の予定を変えてもらった。もう師走に入っており、仕事納めの時期だったので、予定があまり入っていなかったのは幸いだった。

ここまでくれば、後は検査を待つのみである。夏に飲んでいたスポーツドリンク(粉を水に溶かして飲むタイプ)が残っていたので、それを水に溶かして、きたる高熱に備えた。カロナール(解熱鎮痛薬)の買い置きもあったので、外に連絡をしている間は飲んでいたが、その後は飲まなかった。そうしたら翌日から二日間は熱で寝たきりになった。気絶するように寝ていたので、苦しいという記憶もあまりなく、食べずに寝ていたので、二日間で二キロくらい体重が減った(が、すぐ戻った)。

やっとPCR検査を受けた日はもう熱も下がっていたが、今度は咳が始まっていた。次の日に出た結果は陽性。ここで初めて、東京都のコロナの支援物資を申請した。

支援物資が届いたのは、ここからさらに三日後だった。そして実は、最初のPCR検査の予約時、その後の予約も取りづらそうだったので、早いと思いつつも、その二日後にも予約を取っていた。そうしたら、物資が届くよりも早く、陰性になってしまった。

念のため、続いて東京都から届いた検査キットでも検査したが、こちらも陰性。最初に違和感が出た日から数えると、一週間は経っていたから大丈夫かなと思いつつ基本、人と会わない生活を続けた。

ちょっと困ったのは、段ボール二箱も届いた支援物資である。中身は、スポーツドリンク、飲むゼリー、パックのご飯、インスタントカレー、インスタントラーメン、インスタント粥、スパゲティ、パスタソース、鯖の缶詰、ツナ缶、フルーツの缶詰、豆の缶詰、等々。もっと早く届いてくれたら、役に立ったのかも知れないと思うのだが、元気になってからだと持てあますラインナップだ。いくつかは非常用の食料として置いておけば良いか、と思い、とりあえずそのまま居間に置いておいた。

この時は、発熱が二日間と短かったので、普通の風邪のような感じで終わってしまった。発熱後に咳が出るようになって、それが二週間ほど続いたため、夜、熟睡できないのは困ったが、味や匂いが分からなくなることもなかった。ずっと回り続けていたカードは止まった。頻繁に外へ出て、人と会って会食すれば、やはりコロナに罹るのだと改めて感じた。

これまで、周りでは、家族のいる人がコロナに罹ることが多かったので、ひとりだとやっぱりリスクは少ないかな、と思うことは度々あった。コロナ禍では、ひとり暮らしも悪くない、そんな風に思うことも時々、あった。そして、実際コロナになってみて、ひとりでもなんとかなったので、ちょっとほっとした。今後もコロナはきっと変異しながらもずっと存在し続けるのだろうから、万が一、また罹ったとしても、凶悪な変異株でなければ大丈夫か、という気持ちになったのだった。

そして、その二か月後、コロナの支援物資があって助かった！　と思う出来事が起こる。

ぎっくり腰である。

二月のとある土曜日。その週は前日に雪がふるなど、ひどく寒い一週間だった。朝は目覚ましをかけず、ゆっくり起きて、掃除と洗濯をするのが土曜日のルーティーンである。

服に着替えてから、さて掃除をしようと、ふと階段に置きっぱなしになっていた葉書を取ろうとした瞬間、腰にグキッと、嫌な感触が伝わった。

どうか、グキッだけで終わってくれと祈ったけれど、無駄であった。その後、立てないくらいの腰痛が来た。これほどまでの痛みは初めてだった。階段を這って登り、そのままベッドにもぐりこむ。しばらく寝て、起きようとしてみたら、もう立てなかった。

これほどまでに深刻なぎっくり腰になったのは初めてだ。今までは、グキッとなったら、すぐに腰痛ベルトをし、数日、走圏《そうけん》をしていればすぐに治った。

走圏というのは八卦掌の基本動作で、手を横に出し、中腰のまま上半身をねじって、円を描くようにぐるぐると歩く。これが腰痛には大変、効果がある。家にいる時は朝、部屋の中で走圏をするのが日課なのだが、最近は忙しかったのでさぼりがちだった。

深刻なぎっくり腰の場合、まず三日間は安静にするべきと聞いていた。ぎっくり腰というのは急に起こる腰痛の通称で、原因もよく分かっておらず、治療法もまちまちなのだ。歩けないので、病院へ行くこともできないと早々に諦め、そのままパジャマに着替え、ベッドに戻った。

週末で良かった、と思いつつ、先日のコロナの時も、風邪や、ヘルペスなどの持病も、いつでも大きな仕事が終わった後や週末など、休みがとれそうな時に起こる。その時まで身体が頑張って、発症せずに耐えているのだろう。私の身体よ、偉いねえ、私よりもずっと我慢強いよ、いつもありがとう、と心の中で御礼を言った。

寝ているだけなら、背中が若干、痛いかなくらいの感じだが、立つと信じられないような激痛が走る。なんとか歩こうとしても腰がひけてしまう。足だけでは全体重を支えられない。あいにく杖のようなものも持っていない。階段は降りるよりも登る方が辛い。手で壁を支えにしながら上り下りする。

次の日もまったく動けなかった。トイレの時、パジャマのズボンを下したり、上げたりするだけで激痛が走るので、用を足すだけのために何分もかかる。この、ゆっくりとした動き……なんだか知っているような……ああ。

老人の動きではないか。

痛みが出ないよう、慎重に歩く私の背中は曲がり、まるで外で見かける、腰の曲がった老人そのものだった。しかし痛いので、ほかの歩き方ができないのだ。歩幅は狭く、速度も遅く、よちよちとしか歩けない。あまりに痛いので、四つん這いならどうかとやってみたが、膝が痛くなるので、あまり長くは続けられない。四つん這いで猫のトイレを掃除するのは、なんとも情けない感じだったが、猫の飼い主たるもの、自分の調子が悪くとも、猫のトイレだけはきれいにしておかないと、今度は猫が病気になってしまう……(トイレが汚いと猫が使うのを嫌がり、泌尿器系の病気になる可能性が高くなる)。

猫たちの方も飼い主の調子がおかしいのは、なんとなく察せられるようだった。メス猫はいつにも増して、遠巻きにこちらをうかがっている。時々、意味もなく激しく鳴くのは、私がまだ動けるのかどうかを試しているのだろうか……。夜はソファで、いつも横でべったりくっついて座っているオス猫でさえ、距離をとるようになった。これが野生の群れだったら、私はとっくに置いてきぼりにされていそうである。

コロナの時は、発熱中はひたすら寝ていて、スポーツドリンクを飲むだけだったし、熱が引いてからの食事は、買い置きの野菜や肉があったので、特に不自由は感じなかった。しかし、ぎっくり腰では立つのがやっとなので、鍋やフライパンを持ち上げたりはとてもできないし、第一、痛みで気力が出ない。ということで、まさか、こんなところでコロナの支援物資が役に立とうとは。パスタは鍋が重いので作らなかったが、パックご飯とレトルトカレーをレンジで温め、インスタントラーメンを茹でて、最初の三日間をなんとか乗り切ることができた。

そして、この時、家にあって良かったなあ、と思ったのが卵だった。弱っている時、気力がない時でも、柔らかいオムレツなら無理なく喉を通るし、レトルトカレーやラーメンも、卵を加えるだけでなんだかおいしくなる。お粥だって、白粥と卵粥では満足度が違う。卵は心身ともに弱った時には、すごく頼もしい。卵というものは本来

（残念ながら無精卵からは雛が生まれないが）は命そのものだからだろうか。

コロナに罹った時は今後、同じような状況になってもきっとなんとかなるだろう、と思ったが、ぎっくり腰では、自分がもっと高齢になった時のことを考えずにはいられなかった。

私は両親、祖父母ともに五、六〇代で亡くしているので、身近に高齢者がおらず、今ひとつ、高齢者の実情を知らないまま、ここまできてしまった。九〇歳で亡くなった叔母とはつきあいがほとんどなかったが、亡くなる数年前に「ずっと耳鳴りが止まないの」と言っていたのを覚えている。耳鳴りが続く毎日というのは、なんとシンドイことだろう、とその時に思った。

それとも、電車の音がひっきりなしに聞こえる線路沿いのアパートに暮らしていると、いつの間にか電車の音が気にならなくなるように、耳鳴りもいつか、ある程度、慣れてしまうものなのだろうか。叔母に聞くことはできなかったけれども。

四日目にやっと、少し歩けるようになったので近所の整体へ、そろそろと歩きながら向かった。外は風が強く寒かったが、空気は澄んでいて、真っ青な空と白い雲が美しい。その、澄んだ空気の冷たさは、今までに幾度となく、同じ場所でも、或いは、どこかほかの場所でも感じたことがあるものだった。そのことがなぜか、私を安心させた。人は初めてのことには不安を覚えるが、知っていると感じると安心するものなのだろう。そして生きれば、生きるほど、「知っていること」は増えていく。

これからも年をとり、少しずつ身体が弱っていくことで、ひとりでいることが、もっと心細く思うことが増えるかも知れない……。ぎっくり腰になり、そんな風に私は思った。けれど、身体のあちこちが錆びるように動かなくなっていったとしても、歩幅が狭くなり、時間をかけないと歩けないようになったとしても、四六時中、耳鳴りに悩まされるようになったとしても、きっと私は私なりに生き、そうして、二月のよく晴れた空の下で、ああ、この天気、なんだかよく知っているな、と思うのだろう。

ひとりで食べる

この連載を始めて、いろいろな場所へ行き、いろいろな人に話を聞いた。そこで感じたのは、新型コロナ感染症が現れて以後、ひとりで食べることにまつわる状況は著しく良くなった、ということだった。思わず、物事には両面あるという、ジョニ・ミッチェルの歌「青春の光と影（Both Sides Now）」を思い出してしまう。

自然（ウイルスに対する言い方として適切なのかどうか分からないが）の力は圧倒的にパワフルなのだと、今までも自然災害があるたびに感じてはきたけれど、今回は世界規模で、誰もが当事者にならざるをえないという稀有な状況だった。新しいウイルスは人間社会に大きく揺さぶりをかけ、この数年、私たちは振り落とされないよう、必死で木の幹か何かにしがみついている、蟻のようなものだったと思う。

そうして、ひとりで食事をすることが忌まわしいことではなく、病気の感染リスクを下げる、好ましいことだと社会が考えるようになったのは、ひとりで食べたい勢からすれば朗報だった。ひとりでの食事を見られるのが嫌、あるいはさまざまな理由から、トイレで隠れて食事をする人がいる（する時がある）というが、もしかしたらコロナ以後、減ったのではないだろうか。

コンビニ飯も、味の幅が広がり、侘しさはずいぶん払拭された。味の向上と侘しさの減少は比例するので、どんどんウマくなってほしいものだ。しかし、味と金額もまた比例する傾向があるのがネックというか、難しいところではある。

外食も、テイクアウトできる店が増えたのはすごく良かった。時には店で食べるより、持って帰って家で食べたい時もある。私はテイクアウトと料理のお持ち帰り（食べ残しを持って帰る）が日本ではできる店が少ないことにずっと不満を持っていた。お持ち帰りは何度か「衛生面で責任がとれないので」と断られた。私は自己責任という言葉が大嫌いだけれど、それこそ自己責任なのでは？　と思ったが、その言葉は使わなかった。嫌いなので（そしてテイクアウトは増えたが、お持ち帰りについては分からない。

寛容になっていることを望む)。

ウーバーイーツのような、新しい出前のスタイルはすっかり定着したのだなと思うのは、町のあちこちで黒くて四角いリュックを背負い、バイクや自転車を走らせる人を見かけるようになったからだ。

スーパーの品揃えも変化したなあと思う。非常事態宣言や在宅勤務で、今まで料理をしなかった人も料理するようになった影響か、冷凍食品やレトルト食品、インスタント麺などの種類も、○○の素、といった調味料もずいぶん増えたし、カット野菜はコーナーが大きくなった。心なしか惣菜の種類も増えたような気がする。

そして、近所のスーパーでは梨や柿など、袋売りだった果物が、最近はバラ売りされるようになった。ひとり暮らしや少人数の家族にとっては朗報ではあるのだが、理由が物価高だとしたら、あまり喜べないことでもある。

こんな風に、あらためて周りを見渡せば、食を巡る状況はどんどん変わっている。そして、人と一緒に飲食店に入っても、透明なアクリル板によって相手との隔たりを意識させられる。微かではあるが、人の呼気が恐怖となり、話したいという気持ちと話したくないという気持ちがせめぎ合う。それに対し、ひとりで食べることのなんと心穏やかなことか。しかし、だからこれでいいともやはり思えず。日々、心は千々に乱れる。

先日、夕方に外での仕事を終え、帰路についた。すでに空腹を感じていたが、その日もいつものように、家に帰ったらすぐに何か作って食べようと思っていた。しかし、駅に降りたとたん、そうだ、久しぶりにあの店へ行こう、と思い立ったのだった。

あの店とは、豚モツ焼きの店である。焼肉店ではなく居酒屋で、豚モツを自分で焼いて食べられる。モツがとても新鮮でおいしく、値段も安い店なのだ。

ここ数年、多くの飲食店がひっそりと閉店し、最近は「え！　あの店が！」と、驚くような老舗もあっさりと店をたたんでしまう。コロナ禍が始まって早三年。原因はコロナだけでなく後継者問題など、複合的な理由が潜んでいるようだが、やはり残念だ。

だから最近は、好きな店がなくなっていないかどうか、まめに目を光らせ、利用するようにしている。店がなくなってからでは遅いのだ。

そして、これはコロナ以前からなのだが、お金を使うなら好きな店（こと）を選んで使いたい、という気持ちが近年の私の消費の指針となり、それは年々強くなっている。

昔は、そんな風には思っていなかった。私が落とすお金など数百円、数千円の僅かなもの。はした金では、この世は何も変わらない。どこで使っても同じ、そう思っていた。しかし、ある日、ふと見ていたテレビ番組で、英国のスーパーマーケットの客がインタビューを受け、「この商品はほかのブランドより少し高いけれど、私はこの商品のサポーターだと思って買っている」と言っているのを見た。

なんということのない言葉だったが、私には響くものがあり、それからは多少高くても、サポートしたい気持ちがあるなら買おうとなり、一方でサポートしたいと思わないものは、安価だからといって、むやみに買わなくなった。結果、どうなったかというと、（以前からその傾向はあったが）大手のものをあまり買わなくなり、なるべく小さなところ、身近なところのものを買うようになった。では生活費が上がったかというと特にそんなこともない。選ぶことで買うものが減ったのだろう。

選ぶなんてできない、最低限のものしか買う余裕がない、という声も身近に聞くので、選べるのは恵まれている、そう思う人もいるかも知れない。けれど、たとえば同じ一〇〇円の大根を、スーパーで買うのか、近所の農家から買うのか、というくらいの選択なのだ。しかし、農家の方がちょっと遠いから、そこへ行く時間は捻出しないといけない。だからお金も必要だが時間も必要で、時間は金銭同様、なかなか得難いものだと思う。

商品や店のサポーターになる、というのは推し活と同じ原理かなとも思う。ソースや味噌にも推しがある。推し活は、それが生活の一部を担うようになるから面白く、またなかなか抜け出せない（沼と呼ばれる所以であろうか）。そして肝心なのは、自分が動かなければ、推し活は一ミリも進まない、というところなのではないだろうか。

と、話がそれてしまったが、この豚モツ焼きの店は好きなのにもかかわらず、もう何年も行っていなかった。なぜかというと、ここは居酒屋で私は下戸だからだ。この店へ行くのは酒を飲む人と一緒の時に限られており、コロナ以後、人と飲み屋へ行く機会は皆無となっていた。

下戸にとって、ひとりで居酒屋に入るのはなかなか勇気のいることだ。しかし日本で、おいしいものをいろいろ食べたいと思ったら、本当は居酒屋がいい。だから仕事などで地方へ行ったら、「お酒を飲まないのですが」とことわって入ることもある。断られたことはないけれど、やはり肩身は狭い。

しかし今なら。ひとりが市民権を得ている今なら。居酒屋でも気兼ねなく飲み食いできるのでは？

その店は駅から少し離れた路地裏にある。この辺りにはしばらく来ていなかったので、大通りから路地へ入り、以前と変わらぬ店構えが見えた時はちょっとホッとした。中に入ると、手前にカウンター、奥がテーブル席という配置も以前のまま。カウンターにも小さなロースターが備えつけられ、壁には手書きのメニューがお札のように張り巡らされている。営業が始まってすぐの時間帯だったが、カウンターにはひとり、先客がいて、その隣に案内された。

ホルモン、カシラなどの焼きものとキャベツを頼んだ。若い店員に飲み物は、と聞かれ「コーラ」と答えると、彼女は特に気にする風でもなく、すぐにコーラを持って来てくれる。続いて、数種類のモツをのせた皿と、山のようなキャベツが運ばれてきた。薄い醤油味のタレがもみこまれている桃色をしたモツは新鮮そのものだ。

ロースターでモツを焼いて食べながら、合間に唐辛子味噌をつけたキャベツを口に運び、コーラを飲む。豚のモツは牛に比べるとあっさりしていて、おいしい。

隣の人は七〇代くらいの痩せた男性で、備え付けのテレビを見ながらモツを焼き、日本酒を飲んでいた。半分くらい食べたところで、もうひとり男性が入って来て、私の左側の席に座った。営業職かなと思わせる背広を着た三〇代くらいの人だ。ホルモンとビールを注文した。夕方の早い時間は、人が集って飲みに来るにはまだ早く、ひとり客が多い時間帯らしい。客は三人しかいないが、お店の人は四人。全員マスクをしながらテキパキと仕事をしている。きっとこれから忙しくなるのだろう。

以前、この店で炒めた玉葱入りの納豆オムレツを食べておいしかったので、真似して時々、作るようになった。「自分で考えたんですよ」と中国人のご主人は言っていたが、今日は彼の姿はない。今、店にいる若い人たちも全員、外国人のようだった。

食べ終わり、さて帰ろうかなと思ったところで、何気なく私が左の方を向くと、隣の人が顔をこちらに向けたので、瞬間的に顔を戻した。本当のところは分からないが、私がそのまま左を向いていたら、話しかけられたのではないかと思った。

でもその時の、彼が顔を向けたスピードの速さに一瞬、なんともいえない恐怖を感じ、私は慌てて顔を戻した。私はその時、すでにマスクをしていた。目だけだと年齢が分かりにくいので、もしかしたら若い女性と思ったのだろうか、とふと思った。

私のように酒が飲めないと、お酒さえ飲めれば居酒屋でもどこでも、ひとりで自由に入れるのに、とつい単純に思ってしまうが、女性がひとりで居酒屋へ入ること自体にもまだ、いろいろな問題が含まれていそうである。人がひとりでいる時、知らない人と話をしたい時もあるが、ひとりでいたい時もある。もし、「ひとりは寂しいもの」という価値観しか持っていないと、ひとり↓寂しい↓話しかけた方がいい、の一択になってしまう。人はそんなに単純なものではないと、分かって欲しい。ひとりが寂しくない時もあるし、寂しくなりたい時もある、あるいは、寂しさが必要な時もある、ということを分かって欲しい。

世の中は、それまで予想もしなかった方向へずんずんと変わっていき、今なお、変わり続けている。未来はまさに神のみぞ知る、だ。しかし、コロナ以後、ひとりで食べることの気楽さ、楽しさを知った人もいるだろう。それはとても喜ばしいことだし、私もそのひとりだ。さらに、この連載のために初めてひとりで温泉へ行ったり、取材を通して見聞きしたことで、ひとりで食べることがより楽しくなった。

ひとりで食べること。それは流れるように過ぎてしまう日々の中の、ささやかな営みのひとつだが、そこにはいつも、自分で決めたという自負を持っていたいと思う。そうすれば、そこからまた、新しい何かが生まれてくるような気がする。

本書は「ウェブ平凡」二〇二二年四月～一二月の同名連載を加筆修正したものです。
なお、iii全篇と「新型コロナとぎっくり腰」は書き下ろしです。

野村麻里　のむら まり

ライター・編集者。一九六五年東京生まれ。著書に『香港風味』、共著に『ひょうたんブック』、編書に『南方熊楠 人魚の話』『SISTERHOOD LITTLE THUNDER ART BOOK』『作家の手料理』、翻訳にLittle Thunder『わかめとなみとむげんのものがたり』などがある。

ひとりで食べたい　わたしの自由のための小さな冒険

発行日——二〇二三年六月二一日　初版第一刷

著者——野村麻里
デザイン——三木俊一（文京図案室）
装画・挿画——Little Thunder（門小雷）
発行者——下中美都
発行所——株式会社平凡社
〒一〇一-〇〇五一
東京都千代田区神田神保町三-二九
電話　〇三-三二三〇-六五八〇（編集）
〇三-三二三〇-六五七三（営業）
印刷——株式会社東京印書館
製本——大口製本印刷株式会社

ISBN 978-4-582-83927-2
平凡社ホームページ
https://www.heibonsha.co.jp/

落丁・乱丁本のお取り替えは小社読者サービス係まで直接お送りください（送料は小社で負担いたします）。